Contents

健康なからだと学習意欲を育み、自立心を養う
ラ・サール学園の 寮めしの秘密7か条 ……… 5
- 秘密1　成長期のからだをつくる！ ……… 6
- 秘密2　スタミナあり！　でも、太らせない。 ……… 8
- 秘密3　ストレス解消して、心を鍛える！ ……… 10
- 秘密4　野菜ギライをなくす！ ……… 12
- 秘密5　具だくさんスープで、栄養バランスを調える！ ……… 13
- 秘密6　食べる楽しさを体感する！ ……… 14
- 秘密7　食生活のリズムをつくる！ ……… 15

ラ・サール学園とはこんな学校 ……… 16
- レシピの見方 ……… 18

朝食　1日のパワーの源 ……… 19
- 01　しらす入りスクランブルエッグの和朝食 ……… 20
  - A しらす入りスクランブルエッグ　B 湯豆腐　C 味噌汁
- 02　カレースープの洋朝食 ……… 22
  - A カレースープ
- 03　鶏と白菜のスープの洋朝食 ……… 24
  - A 鶏と白菜のスープ
- 04　竹輪のごま煮の和朝食 ……… 26
  - A 竹輪のごま煮　B 味噌汁
- 05　キャベツのクリームスープの洋朝食 ……… 28
  - A キャベツのクリームスープ
- **Column 01**　朝食の常備菜 ……… 30

昼食　午後への活力チャージ ……… 31
- 01　サフランライスのドライカレーランチ ……… 32
  - A サフランライスのドライカレー
  - B イカのマリネ
- 02　野菜たっぷり牛丼ランチ ……… 34
  - A 野菜たっぷり牛丼
  - B から揚げサラダ
- 03　ビビンバランチ ……… 36
  - A ビビンバ
  - B 豆腐の中華風スープ
- 04　揚げそばあんかけランチ ……… 38
  - A 揚げそばあんかけ
- 05　豚肉のロールフライランチ ……… 40
  - A 豚肉のロールフライ
  - B 春雨のあえもの
- 06　鶏飯（けいはん）ランチ ……… 42
  - A 鶏飯
  - B 豚肉とコーンのサラダ
- 07　チキン南蛮タルタルソースかけランチ ……… 44
  - A チキン南蛮タルタルソースかけ
  - B えのきと豚肉の中華風炒め
  - C カルシウムナムル
- 08　魚のオランダ揚げランチ ……… 46
  - A いりこ菜めしご飯
  - B 魚のオランダ揚げ
  - C 豚肉と青梗菜のうま煮
- 09　鶏の竜田揚げみぞれソースかけランチ ……… 48
  - A 鶏の竜田揚げみぞれソースかけ
  - B ひじきゴマネーズ
- 10　肉うどんランチ ……… 50
  - A 肉うどん
- 11　チキンカツ カレー風味ランチ ……… 52
  - A チキンカツ カレー風味
  - B パンプキンサラダ
  - C 四川豆腐
- **Column 02**　保存のきく合わせ調味料 ……… 54

夕食 リラックスして楽しむ

- **01 カレー味ハンバーグ定食** ……… 56
  - A カレー味ハンバーグ
  - B にんじんグラッセ
  - C ほうれん草とイカのクリームパスタ
  - D コンソメジュリアンヌ
- **02 豚肉の中華風ステーキ定食** ……… 58
  - A 豚肉の中華風ステーキ
  - B アサリときのこの和風スパゲッティ
  - C さつまいものコロコロサラダ
  - D 味噌汁
- **03 魚のマヨネーズ焼き定食** ……… 60
  - A 魚のマヨネーズ焼き
  - B じゃがいもと卵のベーコン炒め
  - C 小松菜のごまあえ
  - D ワンタンスープ
- **04 豚肉と豚レバーのオーロラソース定食** ……… 62
  - A 豚肉と豚レバーのオーロラソース
  - B マッシュポテト
  - C イカのピリ辛サラダ
  - D 青菜とえのきのスープ
- **05 サバのカレー香り揚げ定食** ……… 64
  - A サバのカレー香り揚げ
  - B 大根の雪花煮
  - C さつま揚げのピリ辛ソテー
  - D あおさ汁
- **06 カルビ焼き定食** ……… 66
  - A カルビ焼き
  - B かぼちゃとなすのごま味噌かけ
  - C 野菜椀汁
- **07 鶏のごまダレ焼き定食** ……… 68
  - A 鶏のごまダレ焼き
  - B ひじき入り炒り豆腐
  - C ほうれん草と白菜のおかかあえ
  - D 味噌汁
- **08 松風（まつかぜ）焼き定食** ……… 70
  - A 松風焼き
  - B ツナとキャベツのマヨネーズあえ
  - C 大豆とひじきの煮もの
  - D 中華風かきたまスープ
- **09 油淋鶏（ユーリンチー）定食** ……… 72
  - A 油淋鶏
  - B プロテインサラダ
  - C 小松菜と厚揚げのスープ
- **10 魚の南部焼き定食** ……… 74
  - A 魚の南部焼き
  - B 鶏肉とごぼうとこんにゃくのごま味噌煮
  - C 青菜ときのこのあえもの
  - D けんちん汁
- **11 スパイシーチキン定食** ……… 76
  - A スパイシーチキン
  - B ブロッコリーとかぼちゃのサラダ
  - C 小松菜と卵の炒め合わせ
  - D えのきのすまし汁
- **12 サケのホイル焼き定食** ……… 78
  - A サケのホイル焼き
  - B ポテトのごま煮
  - C きゅうりと竹輪の味噌マヨネーズあえ
  - D 小松菜のスープ

卒業生は語る① ラサール石井さん ……… 80
　　　　　　　ラ・サールは私にとって勉強と人間のテーマパークだった。
卒業生は語る② 東京大学医学部　亀谷航平さん×中島崇博さん ……… 82
　　　　　　　寮めしとクイズ王の相関関係って？
〝寮めし〟を支える栄養士　原口めぐみさんにおたずねします。 ……… 84
保護者の声あれこれ ……… 85
毎日の献立作りのヒントになる！　春夏秋冬別　ある１週間の献立表から ……… 86
材料別索引 ……… 94

鹿児島県にあるラ・サール学園は、東大をはじめ、有名大学や医学部への高い合格率で知られる、中高一貫教育の男子校です。

　さらに、ここに通う生徒の約半数が、今では全国でも珍しい寮生活を送っています。文武両道、自由な校風のもと、毎年多くの優秀な生徒を有名大学へと送りだす学園の秘密。そのひとつが、彼らの家となる寮での朝昼晩、3度の食事です。

　寮生や寮のOBたちが愛着をこめて呼ぶ〝寮めし〟こそが、成長期の子供たちの健康な心身を養い、学習意欲や自立心を育む基本となっています。

　本書では、この年代に必要な栄養となる食事作りの考え方とともに、寮生が日頃食べている朝食、昼食、夕食から、77のレシピを紹介しています。同じように成長期のお子さんを持つご家庭や、受験生のお子さんを抱えるご家族のみなさんに、この本が、少しでもお役に立てることを願っています。

健康なからだと学習意欲を育み、自立心を養う

ラ・サール学園の寮めしの秘密7か条

秘密1 成長期のからだをつくる！
主菜＋副菜を基本に1日3食 2632kcalの食事を摂る

朝昼夜の3食、主菜と副菜（1〜2品）をベースにした献立で、中・高校生男子の成長期に必要な1日の摂取カロリーを摂ります。

秘密2 スタミナあり！でも、太らせない。
食品数を多くした献立で、成長期の肥満や偏食を防ぐ

外食やファストフードの機会も増える年代だけに、寮めしではなるべく多くの食品を摂り、過度な糖質や脂質を抑えた料理を工夫します。

秘密3 ストレス解消して、心を鍛える！
栄養素に注目してストレス解消に効果的な食品を積極的に摂る

大人のからだへと移行し、精神的にも悩み多き時期。ストレス解消には、気分転換と抗ストレス作用のある栄養素を充分に摂ることが役立ちます。

秘密4 野菜ギライをなくす！
調理法や味付けを工夫して野菜をたっぷり摂る

幼少期から続く野菜ギライが多い年代。調理や味付け、彩りなども工夫して、不足しがちな緑黄色野菜などの摂取量を少しずつでも増やすことが大切です。

秘密5 具だくさんスープで、栄養バランスを調える！
手軽に栄養素を補える汁ものを1日1回、欠かさない

不足しがちな栄養素を手軽に補えるのが具だくさんの汁もの。味噌汁はもちろんのこと、和洋バラエティに富んだ味付けで飽きさせません。

秘密6 食べる楽しさを体感する！
食体験の幅も広がる郷土食や行事食を取り入れる

さまざまな食材の持ち味や、旬の味わいを生かした郷土食や行事食。献立作りのアクセントとなり、食への関心を深める機会にもなります。

秘密7 食生活のリズムをつくる！
食事は規則正しい時間に、楽しく食べる

1日の生活リズムの中でも、3度の食事を決まった時間に摂ることは最も大切。家族や仲間と食べる食事の楽しさとおいしさを実感できます。

秘密 1
成長期の
からだをつくる！

主菜＋副菜を基本に1日3食 2632kcalの食事を摂る

寮生が1日に必要な エネルギー量と栄養素量

2632kcal

たんぱく質	83.0g
脂　　　質	87.7g
カルシウム	859mg
鉄	12mg
ビタミンA	600μg
ビタミンB$_1$	1.14mg
ビタミンB$_2$	1.24mg
ビタミンC	84mg
糖質（炭水化物）	360g

　現在ラ・サール学園では、中高生合わせて549名が寮生活を送り、毎日3食を寮食堂で摂っています。中学生から高校生という成長期にある彼らは、大人のからだへと移行する大切な時期。そのベースとなる毎日の食事は、寮食専門の栄養士が中心となって十分考え抜かれたものです。
　寮生の献立作りにおいて、基本としているのは、厚生労働省の「日本人の食事摂取基準」。12～17歳の男子に必要な栄養摂取量をもとに、運動量などを加味して平均値をとり、**寮生が1日に必要なエネルギー量2632kcalと栄養素量**を割り出しています。**たんぱく質、脂質、ミネラル、ビタミン、糖質（炭水化物）の必要量**は、左記のとおりです。
　この数字を目標に、1週間の献立を考えるのですが、寮食の基本は「**和食中心の主菜＋副菜（1～2品）**」。最初に主菜（魚か肉）を決め、次に野菜メインの副菜を決めます。少なくとも週に4～5回は魚を主菜とし、ビタミン、ミネラルを多く含む野菜は、昼食、夕食の副菜でしっかり摂り入れるようにします。
　また主食のご飯ですが、寮では白米に強化米を加えて炊いています。ビタミンB$_1$、B$_2$など不足しがちな栄養素を補い、糖質をスムーズにエネルギーに変えてくれます。

●年齢・性別の違いによるエネルギーの食事摂取基準：
　推定エネルギー必要量（kcal/日）

性　別	男　性			女　性		
身体活動レベル	Ⅰ	Ⅱ	Ⅲ	Ⅰ	Ⅱ	Ⅲ
10～11（歳）	1,950	2,250	2,500	1,750	2,000	2,250
12～14（歳）	2,200	2,500	2,750	2,000	2,250	2,550
15～17（歳）	2,450	2,750	3,100	2,000	2,250	2,500
18～29（歳）	2,250	2,650	3,000	1,700	1,950	2,250
30～49（歳）	2,300	2,650	3,050	1,750	2,000	2,300
50～69（歳）	2,100	2,450	2,800	1,650	1,950	2,200
妊婦（付加量）初期				+50	+50	+50
中期				+250	+250	+250
末期				+450	+450	+450
授乳婦（付加量）				+350	+350	+350

厚生労働省の「日本人の食事摂取基準」（2010年版）
※健康の維持、増進、生活習慣病の予防を目的とした、性別・年齢別の栄養摂取基準です。成人では、推定エネルギー必要量＝基礎代謝量（kcal/日）×身体活動レベルとして算定。18～69歳では、身体活動レベルはそれぞれⅠ＝1.50、Ⅱ＝1.75、Ⅲ＝2.00として算定。※より詳細な内容は厚生労働省のサイトを参照してください。http://www.mhlw.go.jp/bunya/kenkou/sessyu-kijun.html

表の見方

「身体活動レベル」Ⅰ・Ⅱ・Ⅲは、日常の活動状況に合わせ、3つに分けています。

Ⅰ 低い＝1日の生活のほとんどが座位で、静的活動が中心の場合。
Ⅱ ふつう＝座位中心の仕事だが、職場内での移動や作業、接客などがある。或いは、通勤、家事、買物、軽いスポーツなどを含む場合。
Ⅲ 高い＝移動や立仕事の多い場合。或いは、余暇にスポーツなど活発な運動習慣を持っている場合。

《ある1日の摂取例》 2578 kcal

1日3食2632kcal前後を目安に、必要な栄養素を主菜、副菜、副々菜でバランスよく摂り入れます。

まず、主菜と副菜から組み立てる

朝食 01 (20p) 670kcal

主菜 96kcal
しらす入り
スクランブルエッグ
ビタミンB1、ビタミンA、
たんぱく質、脂質

副菜 77kcal
湯豆腐
カルシウム、たんぱく質、
鉄、ビタミンB2

昼食 06 (42p) 935kcal

副菜 205kcal
豚肉と
コーンのサラダ
ビタミンB1、
ビタミンC、脂質、
ビタミンA

主菜 550kcal
鶏飯(けいはん)
ビタミンB1、たんぱく質、
炭水化物、鉄

夕食 05 (64p) 973kcal

主菜 315kcal
サバのカレー香り揚げ
脂質、たんぱく質、
ビタミンB2、ビタミンB1

副菜 110kcal
大根の雪花煮(せっか)
カルシウム、ビタミンC、
たんぱく質、鉄

副菜 57kcal
さつま揚げの
ピリ辛ソテー
ビタミンC、たんぱく質、
脂質、ビタミンB2

※各料理名下の栄養素は、分量の多い順に表記しています。

秘密 2 スタミナあり！でも、太らせない。

食品数を多くした献立で、成長期の肥満や偏食を防ぐ

えのきと豚肉の中華風炒め
11点

昼食 07（44p）

唐辛子
調味料 4

たけのこ　えのきだけ　きくらげ　豚ももこま切れ肉

小松菜
キャベツ

　1日に必要なエネルギー量と栄養素量をもとに立てた献立で、最も重要なのは栄養のバランス。そのためには、**食品数を多く摂ることが大切です**。一般に、1日30品目を目標とすれば、自然に栄養素をバランスよく摂ることができるといわれ、寮食でも、これをひとつの目安にしています。ただし、これは大量調理ゆえ可能な目標ですから、一般の家庭ではこだわり過ぎないで。30という数字を絶対化すると逆に食べ過ぎる場合もあるからです。「**主食、主菜、副菜を基本に、多様な食品を組み合わせた食事**」を念頭におきましょう。
　主食、主菜では、良質なたんぱく質や脂質を摂ります。副菜で意識して摂りたいのが、いも類、豆類、きのこ類と海藻類といった、ビタミン、ミネラル、繊維質が豊富な食品。寮食の副菜には、これらを組み合わせ、1品で10点以上の食品数になるものが多くあります。
　また、「主食、主菜、副菜を基本に、多様な食品を組み合わせた食事」を食べていれば、満腹感を得て間食もあまり必要とせず、肥満や偏食を防げます。とはいえ、間食全てを禁止するのは不可能でしょう。寮でも運動量の多い生徒たちは、インスタントラーメンや菓子パンなどで空腹を満たしています。寮食の栄養士、原口さんは、「**間食は、できるだけ1日の摂取カロリーの10％以内（約200kcal）に抑え、食べるなら夕食前までに**」とアドバイスしています。

大豆とひじきの煮もの
14 点

夕食 08 (70p)

だし汁
調味料 4

- ひじき
- さつま揚げ
- こんにゃく
- 大豆
- グリーンピース
- じゃがいも
- にんじん
- たけのこ
- 干ししいたけ

**副菜 1 品の中にも
こんなにたくさんの食品が！**

プロテインサラダ
10 点

夕食 09 (72p)

調味料 3

- 干しぶどう
- プロセスチーズ
- きゅうり
- じゃがいも
- パセリ
- にんじん
- 大豆

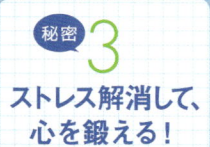

栄養素に注目してストレス解消に効果的な食品を積極的に摂る

秘密3 ストレス解消して、心を鍛える！

中学生から高校生にかけてのこの年代は、からだも心も大人へと移り変わる重要な時期。この時期に、栄養不足や偏りがあると、発育が抑制され、健康面や体格にも悪影響を及ぼします。またこの年代は、自立心が芽生える時期で、さまざまな心の葛藤と対峙する時でもあります。

寮生活では、ホームシックにかかったり、人間関係や進路の悩みなど、普通の同世代の子供以上にストレスを受けやすいともいえます。

「ストレス解消には、気分転換や休養も大切ですが、毎日の食事でのフォローも欠かせません。抗ストレス作用のあるたんぱく質やビタミンC、ビタミンB群、イライラを抑えるカルシウムやマグネシウムを含む食品を、積極的に摂り入れる食事を心がけています」と栄養士の原口さん。

夕食 07 (68p)

たんぱく質

からだにはなくてはならない栄養素のひとつ。筋肉や内臓、皮膚や髪だけでなく、免疫の抗体、酵素、血液、ホルモンなどの原材料にもなっている。たんぱく質が不足すると、脳の活動が不十分になり、判断力や記憶力の低下、体力が落ちて抵抗力もなくなる。ただし過度の摂取は肥満の原因になるので要注意。

ビタミン

糖質（炭水化物）、脂質、たんぱく質といった、重要な栄養素の働きをスムーズに行う、潤滑油のような役割を担う栄養素。体内では生産、合成することができないので、微量で充分だが、毎日食物から摂る必要がある。抗ストレス作用を促すビタミンCは、野菜やフルーツに含まれており摂取しやすい。

ミネラル

たんぱく質、脂質、糖質（炭水化物）、ビタミンと並び、5大栄養素のひとつ。主なものに、カルシウム、鉄、亜鉛、マグネシウムがあり、ビタミン同様に、1日の必要量は微量だが、健康維持には不可欠な栄養素。カルシウム不足による「骨粗しょう症」や、鉄分不足による「貧血」は、欠乏症の代表格。

ストレス緩和のために
特に意識して摂りたい食品10

小松菜
ほうれん草の3倍以上のカルシウムを含む。鉄分、カロテンも豊富なうえ、アクが少なくくせもなく、煮もの、スープ、炒めものなど、さまざまな料理に利用可能。

サケ
エネルギーやたんぱく質の代謝に欠かせないビタミンB群、抗酸化力の強いアスタキサンチンが豊富。年間を通し手に入れやすく、幅広い料理に使える。

青梗菜
カロテン、カルシウムが豊富。胃腸の働きを高め、特にカルシウムはイライラやストレスを緩和。調理では炒めたり、油を加えるとカロテンの吸収が高まる。

わかめ
各種ミネラル、ビタミン、食物繊維の宝庫。汁もの、酢のもの、炒めもの、サラダと使い勝手がよいが、加熱調理の際は、火を入れ過ぎずに歯ごたえを味わって。

玉ねぎ
野菜の中でも糖質が多く、そのほとんどがエネルギー源として使われ疲労回復に効果的。香り成分のアリシンも、疲労回復や集中力、体力増進に有効。

納豆
必須アミノ酸をバランスよく含み、ビタミン、ミネラル、食物繊維も豊富。大豆の栄養成分と納豆菌の作用で、疲労回復、免疫力アップなど健康効果も抜群。

セロリ
カリウム、カルシウムを含む。特有の香りや苦みに含まれる成分が、精神安定やイライラを鎮める効果あり。茎より葉のほうが栄養価が高く、カロテンが豊富。

ひじき
カルシウムの含有量が抜群で、マグネシウムもバランスよく含まれる。大豆製品や柑橘類、酢といっしょに調理すると、カルシウムを効率よく摂れる。

牛乳
良質なたんぱく質、カルシウム、ビタミンなどをバランスよく含む。牛乳を飲む時に感じるほのかな甘み、糖質（乳糖）が、カルシウムや鉄分の吸収を助ける。

ヨーグルト
ヨーグルトに含まれるたんぱく質は、腸内環境を整える乳酸菌によってペプチド類に分解され、消化吸収率が高い。カルシウムも牛乳より多く含まれている。

調理法や味付けを工夫して野菜をたっぷり摂る

秘密4 野菜ギライをなくす！

夕食12（78p）

- 小松菜を**コンソメスープ**の具に
- きゅうりは**味噌マヨネーズあえ**に
- じゃがいもは**ごま風味煮**で
- サケはたっぷりのきのこといっしょに**ホイル焼き**

　寮食スタッフが献立作りで最も頭を悩ますのが、生徒たちにいかに野菜をたっぷり食べてもらうかです。野菜ギライは寮生にも多く、野菜の多いメニューは、当然のことながら、完食率もダウンしがちです。

　個人差はあるものの、一般にピーマンやゴーヤーに代表される"苦み"や、玉ねぎやねぎの"辛み"が、幼少時代から続く野菜ギライの大きな原因といわれています。さらに、野菜の持つにおいや香り、しぶみの他、食感や見た目がイヤといった場合もあるようです。

　調理法や味付け、他の食品との組み合わせなどを工夫し、食べやすくして、少しでも箸をつけてもらうようにしたいもの。そのためのポイントが**「アク抜き」「水にさらす」「加熱」**といった野菜の下ごしらえです。少々手間ですが、野菜のしぶみや苦み、辛みを和らげてから調理することは、たいへん効果的。

　また味付けでは、子供の好きな味や風味を生かし、**カレーやケチャップ味、明太マヨネーズやごまマヨネーズを加える**と、より食べやすくなります。上の写真のように、野菜を肉や魚と組み合わせたり、切り方で見た目や食感を変える工夫も大切です。

手軽に栄養素を補える汁ものを1日1回、欠かさない

秘密 5 具だくさんスープで、栄養バランスを調える!

キャベツのクリームスープ

野菜椀汁

カレースープ

　寮食の大きな特徴に、汁ものがあります。これは毎日欠かさず登場します。味噌汁やすまし汁はもちろん、コンソメやクリームスープ、ワンタンスープ、カレースープ、けんちん汁など、この本のレシピに登場するだけでも18種類!
　「寮食では1日の献立を決める時に、不足している栄養素を汁もので補うことも多いのです。野菜や海藻、いもやきのこ類など、さまざまな具材を入れることができ、和洋中と味付けで変化も出しやすい。**汁ものは、副菜のひとつと考えてもよいです**」と、栄養士の原口さん。
　生では量が摂りにくかった野菜も、汁ものにすればかさが減ってたっぷり食べられ、火を通すことで甘みややわらかさが増すというメリットも生まれます。野菜に含まれるビタミン類が、スープに溶けだしてしまうこともありますが、スープや汁そのものをしっかり飲むことで、具材のうまみとともに栄養を摂ることができます。
　さらに汁ものは、作りおきができるものが多く、温め直すだけで手軽に食べられるのも便利です。
　寮食レシピを参考に、家庭でも1日1回、温かい具だくさんの汁ものを加えてみてください。

秘密 6 食べる楽しさを体感する！
食体験の幅も広がる 郷土食や行事食を取り入れる

毎日の食事の中で、旬の食材で季節を感じたり、特産物や郷土料理を食べることで、さまざまな食体験ができるのも、寮食のよいところ。

寮生に人気の鶏料理のひとつ、**「チキン南蛮タルタルソースかけ」**は、甘酢に漬けた鶏のから揚げにタルタルソースをかけたもの。宮崎県発祥の料理として九州では有名です。また、ご飯の上にほぐした鶏や錦糸卵などの具材をのせ、鶏がらスープをかける**「鶏飯（けいはん）」**は、鹿児島県奄美群島の郷土料理です。

他にも、**さつま揚げやきびなご、さつまいも、黒豚味噌など、ご当地ならではの食材や食品を使った献立**を盛り込んでいます。「地元の調味料で作っていますが、私も調理スタッフも地元出身なので、鹿児島の味といえるかもしれません。九州以外の地域より、味付けは全体に甘めのようです」と栄養士の原口さん。

入学式やクリスマスなどのちょっとスペシャルな行事食も、単調になりがちな献立にメリハリを生み、食への関心を深める機会になっています。

郷土食

チキン南蛮タルタルソースかけ

郷土食

鶏飯

行事食

4月4日昼 入学式	12月21日夜 クリスマスディナー	3月3日昼 ひなまつり
桜ずし 若竹汁 鶏肉の辛み揚げ お祝い紅白ゼリー	チキンライス、卵スープ ローストチキン、有頭エビフライ イタリアンロール、 パンプキンサラダ、フェットチーネ ポテトカップのグラタン クリスマスデザート	盛り合わせずし 吸いもの コンビネーション サラダ ひなあられ

平成23〜24年の献立表より

入学式は新寮生の歓迎もこめたお祝いメニュー。5月5日のデザートには柏餅、バレンタインデーにはハート形のコロッケなど、寮食スタッフの細やかな心づかいが行き届く。

秘密 7 食生活のリズムをつくる！
食事は規則正しい時間に、楽しく食べる

配膳準備完了！
寮の食堂は嵐の
前の静けさ…。

寮生の日課 ～高校～

	平　日	日曜・祝祭日
随時起床	5：00	5：00
起床点呼	7：30	7：30
朝食	7：30～8：00	7：30～8：00
登校	8：20	―
昼食	12：40～13：10 （土曜日 13：00～13：30）	12：00～12：30
夕食	17：30～18：45 （19：00までに食堂を退室）	17：30～18：00
義務自習	19：45～21：45	19：45～21：45
ラジオ英会話	21：45～22：00	21：45～22：00
消灯就寝	24：00	24：00

寮生の日課 ～中学～

	平　日	日曜・祝祭日
随時起床	5：00	5：00
起床	7：20	―
点呼	7：30	―
清掃	7：30～	―
朝食	7：30～8：00	7：30～8：00
登校	8：20	
義務自習	―	8：00～9：30
昼食	12：40～13：10 （土曜日 13：00～13：30）	12：00～12：30
夕食	17：30～18：45 （19：00までに食堂を退室）	17：30～18：00
点呼	19：15	19：15
義務自習（前半）	19：15～20：45	19：15～20：45
休憩	20：45～21：15	20：45～21：15
義務自習（後半）	21：15～22：45	21：15～22：45
消灯就寝	23：00	23：00

※土曜日、祝祭日の前日の義務自習は前半のみ

10分足らずでたいら
げて休み時間を謳歌
する生徒もいれば、他
人の残りものをしっ
かり食べてご飯をお
かわりする強者も。

　寮生活では、毎日の時間割りを中心にタイムスケジュールが組まれています。中学生と高校生で多少の違いはありますが、寮生の1日は忙しく、食事時間も朝食と昼食は30分。この時間内に食べ損なうと、基本的に他で空腹を満たす場所や時間もありません。当然、時間厳守となり、生徒たちは、食事前後の時間的ペース配分も自主的に考えるようになります。

　今日は朝食を食べる気がしない。そんな時でも、寮では家庭と違って、「あとで～」というわけにはいきません。苦手や嫌いなメニューの日でも、お腹は空いているし、選択肢はありませんから、とにかく食べる。何でも食べてみる。寮食は、規則正しい食事のリズムを整えるとともに、多少なりとも、生徒たちの好き嫌いをなくすのにひと役買っているようです。

　クラブ活動などを終えたあとの平日の夕食は、17時半から18時45分までの1時間ちょっと。1日の中で食堂の開放時間も長く、私服に着替えた寮生たちが最もリラックスする時間です。寮では、個食と無縁。友人とのおしゃべりを楽しみながら、おいしく食事をすれば、ストレス発散、消化もよくなります。

ラ・サール学園とは
こんな学校

　ラ・サール学園はカトリックの教育修道会ラ・サール会によって、昭和25年に高等学校設立。昭和31年には、中学校が現在地鹿児島市小松原に設立されました。
学園名はフランス人、聖ジャン・バティスト・ド・ラ・サール師に由来し、姉妹校に函館ラ・サール学園があります。開校から60余年、現在の学園の様子をご紹介します。

盛りだくさんの行事と週テスト。予備校に通う暇はありません

　全国屈指の進学校であり続けるラ・サール学園。何か特別な学習指導がありそうですが…。「定期試験や実力考査の他に、高校2年の後半から『週テスト』というのがあり、これが特徴かもしれません。生徒には、塾や予備校に頼らず希望大学に合格する力を付けるよう指導しています。それに、文化祭や体育祭などの学校行事、生徒の大半が運動部に所属する部活動も盛んで、仮に塾や予備校通いをしたくとも、そんな余裕はないでしょう」と副校長の谷口哲生先生。

体育祭に燃える！バンカラ気質で文武両道。クラブ活動も盛ん

　学校行事の中で、生徒たちが最も熱く盛り上がるのが体育祭。出身地で紅白に分かれ、応援団長のもと一致団結。踊りでも得点を競う名物行事です。ちょっと旧制高校の香りがする、男子だけの6年間。「いろいろな意味ですさまじい学校。中1の入学当初はもやしのようなひ弱な子供も、高3になると、たいていが豪快な男になる……」都会の進学校とは違った雰囲気は、卒業生のこんなコメントからもうかがえます。

寮生活は、集団生活と自立心を育む場。高3は学園近くで下宿生活

　学園での寮生活は最長でも5年間で、高3になると全員が、学園近くで下宿となります。これは、起床や消灯時間と関係なく、個々のペースで受験に備えるためです。中学生寮は、学年に関係なく6人〜8人の共同部屋。自ずと上級生が下級生の面倒をみつつ、集団生活を体験します。高校生になると全員個室で、自己管理の大切さを知ることに。人間関係や自立心を育む意味でも、寮生活は貴重な時間に違いありません。

医学部合格率は全国屈指。今年は東大理科3類に現役4名が合格！

　2012年の主要な大学合格者数をみると、国立大学では東京大学30名、次いで鹿児島大学28名、九州大学23名。私立大学では、早稲田大学51名、慶應義塾大学43名。東大合格者のうち最難関といわれる理科3類に4名、文科1類に6名が現役合格。近年医学部への進学希望者が増え、卒業生の過半数が希望するようになっています。結果的に、現役・浪人を合わせて79名が合格しており、国公立大学医学部の合格率に関していえば、「全国1位」の実績です。

最新設備を備えた新しい寮が来秋完成！

　1950年の開校と同時に開設されたラ・サール学園寮。何度かの新築、増改築を続けてきましたが、今回、校舎と同様の耐震基準に則した建物へと新築することになりました。完成予定は2013年11月。新しい寮は、総面積約1万1000㎡の鉄筋コンクリート4階建て。中学寮、高校寮、共同スペース（食堂、浴場、事務室など）からなる中高棟一体型。開放的なパティオを中心に、寮食堂も明るく快適に。最新設備で"寮めし"も、さらにおいしく食べられそう。

レシピの見方

【この本の使い方】

ここでは、寮生が毎日食べている献立の中から、朝食、昼食、夕食の計28セットを選び、紹介しています。市販品も取り入れて、バランスよく作られているものばかりで、レシピ数にして計77点。これらはすべて家庭でも実際に手作りできる料理です。

また、この28セットでは食事1回分ごとの総エネルギー量と、主食、主菜、副菜など、それぞれのエネルギー量も明記しています。献立下の色文字を参照してください。

朝食…ブルー文字、昼食…グリーン文字、夕食…オレンジ文字

日々の献立を考えるとき、これらのエネルギー量も参考に、2632kcal（1日に必要とされる総エネルギー量）に近づくよう、朝・昼・夕の献立を自由に組み立て、活用してください。

※目次や索引では、レシピ77点のみ（市販品やフルーツ等を除く）表記しています。

レシピの分量は2人分

20pからの料理材料（ingredients）の分量は基本的に2人分。カロリー表示や主食、フルーツなど献立内容の分量は1人分です。

計量スプーン 計量カップ

材料の分量にある「大」は大さじ15mℓ、「小」は小さじ5mℓ。1カップは200mℓ。

調味料

しょうゆ、味噌とも地元製品を使用。しょうゆは薄口と濃口を料理によって使い分け、食堂の卓上しょうゆにはうす塩しょうゆを常備。味噌は米こうじと麦こうじの合わせ味噌。いずれも、九州外の人たちには、ちょっと甘く感じます。

なお、しょうゆは基本的に薄口、濃口を表記していますが、特に表記のないものはお好みのもので。

（左から）市内スーパーにもある「ヒシクほれぼれあわせ味噌」。ヒシク「うす塩」しょうゆ、ヒシクうすくちしょうゆ「あじさい」、ヒシクこいくちしょうゆ「むらさき」。
●藤安醸造☎099・261・5151

だし

寮めしの味付けの基本は、かつお節、いりこ、サバ節、しいたけ、昆布を合わせた無添加の「だし」。うどんなど、濃いめのだしをとる時には、さらにかつお節を加えて、風味を調整します。

（上）5種類のだしを粉状にした基本の「だしパック」。写真は業務用。●だし本舗三州屋☎099・227・5693
（下）用途に合わせ、顆粒状の「特撰かつおだし」をプラス。●フード・デリ☎0120・656・008

カロリーダウンのアドバイス付き！

お母さんの分をいっしょに作る時や、女の子用にもアレンジ可能。

このレシピのカロリーや分量は、ラ・サール学園の寮食を基準にした、中高校生の男子用です。家庭で再現する場合、特に成人女性や10代の女子にはカロリーダウンが必要となります。朝食は、主食のご飯やパンの量で調整し、昼食、夕食は各ページの「600kcal～700kcalにする場合」を参照して。ご飯の目安（強化米なし）は、ご飯茶碗軽く1杯＝120g（202kcal）、½杯＝100g（168kcal）です。

朝食
Breakfast

１日のパワーの源

朝食は１日の活動のエネルギー源。
寮めしの朝食の基本は和食ですが、
火曜日と金曜日はパンの日。
しっかり食べて代謝を上げ、
勉強やスポーツに取り組もう！

和食に合わせた卵料理を一品。
ご飯をおいしく、飽きずに食べられる佃煮や梅干しは、
種類を多くそろえます。味噌汁には、野菜をたっぷり入れて。

総エネルギー
670kcal
たんぱく質 25.2g
脂質 14.6g
塩分 3.7g

01 しらす入りスクランブルエッグの和朝食

米飯 240g (412kcal)、味噌汁 (80kcal)、湯豆腐 (77kcal)、
しらす入りスクランブルエッグ (96kcal)、かつお梅 1個 (5kcal)
※お好みで味の花、辛子めんたい高菜、のり佃煮〔全て市販品〕
（総エネルギーには含まれません）

A しらす入りスクランブルエッグ

ingredients
卵　2個
しらす干し　8g
塩　少々
こしょう　少々
油　小1

recipe
1 ボウルに卵を割りほぐし、塩、こしょうで味付けする
2 フライパンに油を入れ熱し、しらす干しを入れて炒め1を流し入れ、箸でかき混ぜながらスクランブルエッグを作る

B 湯豆腐

ingredients
木綿豆腐　½丁
だし汁　適宜
かつお節　少々
万能ねぎ　少々（小口切り）
しょうゆ　適宜

recipe
1 小鍋に豆腐を四つ切りにして入れ、かぶるくらいにだし汁をはる
2 中火にかけ、煮たたせないようにしながら約10分、豆腐の中まで温める
3 豆腐を器に盛り、かつお節、ねぎを散らし、好みでしょうゆをかける

C 味噌汁

ingredients
里いも　60g
油揚げ　10g
青梗菜　¼束
だし汁　2カップ
味噌　大2

recipe
1 里いもと油揚げは、食べやすい大きさに切る
2 青梗菜は2cmぐらいに切って、下ゆでしておく
3 鍋にだし汁を煮たてて1を入れ煮る
4 里いもに火が通ったら2を入れ、弱火にして味噌を溶き入れ、中火にしてひと煮たちさせる

調理と食べ方のPOINT
しらす入りスクランブルエッグ…しらすを入れることでカルシウムもアップ、ご飯に合う副菜に。塩の量はしらすの塩分によって調整します。
味噌汁…療食では地元の青菜、山東菜（白菜の一種）を使っていますが、青梗菜や小松菜など手に入りやすいものでOK。

子供たちに人気のカレー味。
豚肉を入れたスープは、食欲をそそる風味でボリュームたっぷり。
トーストや卵、チーズとも相性よく食べられます。

総エネルギー
897kcal
たんぱく質 41.5g
脂質 30.3g
塩分 5.1g

02 カレースープの洋朝食

トースト 2枚 (160g・387kcal)、カレースープ (150kcal)、
ブルーベリージャム 大1 (36kcal)、スライスチーズ 1枚 (68kcal)、
ゆで卵 1個 (76kcal)、
フルーツ〔メロン〕⅛個 (34kcal)、牛乳 200ml (146kcal)

A カレースープ

ingredients
豚こま切れ肉　60g
玉ねぎ　60g(2cm角切り)
にんじん　20g(薄いいちょう切り)
じゃがいも　60g(2cm角切り)
グリーンピース　10g(水煮)
油　小½
水　2カップ
カレーフレーク　30g
(カレールウを刻んだものでも可)
スキムミルク　大1
塩　少々
こしょう　少々

recipe
1. 鍋に油を入れ熱し、豚肉を炒め、色が変わったら、玉ねぎ、にんじん、じゃがいもを入れて炒め合わせる
2. 野菜に油がまわったら、水を加えて煮る
3. 野菜に火が通ったら、火をいったん止めてカレーフレークを入れよく混ぜ溶かし、溶けたらもう一度火をつけて煮込む
4. カレーが全体になじんだら、グリーンピース、スキムミルクを入れ、塩、こしょうで味を調える

調理と食べ方のPOINT
カレースープ…朝食に取り入れる時は、口あたりよくさらっと飲みやすくするのがポイント。市販のルウは、ダマにならないように刻んで使い、量を調整します。
トースト…寮食では5枚切り相当の食パンを1人2枚付けますが、大人の場合は6枚切り1枚で。スープの量も減らします。

パンが主食の洋朝食は週に2回。
具だくさんのスープは、不足しがちな野菜を種類多く摂れ、
目覚めたばかりの胃にもやさしい温かさです。

総エネルギー
748kcal

たんぱく質　30.75g
脂質　　　　24.8g
塩分　　　　3.5g

03 鶏と白菜のスープの洋朝食

ロールパン 2個 (265kcal)、鶏と白菜のスープ (120kcal)、
いちごジャム 大1弱 (38kcal)、角チーズ 1個 (68kcal)、
プレーンヨーグルト〔加糖〕(88kcal)、フルーツ〔オレンジ〕¼個 (23kcal)、
牛乳 200mℓ (146kcal)

A 鶏と白菜のスープ

ingredients

鶏もも肉　60g(1cm角切り)
にんじん　20g(薄いいちょう切り)
玉ねぎ　60g(1cm角切り)
しめじ　20g(小房に分ける)
白菜　60g(1.5〜2cm幅切り)
油　小½
水　2カップ
クリームシチューの素　26g
スキムミルク　大1
塩　少々
こしょう　少々
パセリ　少々(みじん切り)

recipe

1　鍋に油を入れ熱し、鶏肉を炒め焼き色がついたら、にんじん、玉ねぎ、しめじ、白菜も加えて炒め合わせる
2　さらに水を加えて煮たたせ、野菜がやわらかくなるまで煮る
3　いったん火を止めて、シチューの素を加えてよく混ぜ溶かし、スキムミルク、塩、こしょうを入れて味を調える
4　再び火にかけて温め、器に盛り、仕上げにパセリを散らす

調理と食べ方のPOINT
鶏と白菜のスープ…鶏もも肉は、焼き目がよくつくぐらい炒めて、うまみを逃さないようにします。シチューの素は市販のクリームシチューのものを使用。スキムミルクは、手軽にカルシウムアップができ、この世代の子供たちだけでなく、中高年にもおすすめです。

朝食の基本は和食。
温かいもの、手作りのものを一品は工夫して、
ご飯をしっかり食べられる、小さなおかずも付けます。

総エネルギー
760kcal
たんぱく質　39.6g
脂質　16.8g
塩分　4.2g

04　竹輪のごま煮の和朝食

米飯 240g (412kcal)、竹輪のごま煮 (50kcal)、味噌汁 (68kcal)、
納豆 小1パック (80kcal)、味付けのり 1袋 (4kcal)、
牛乳 200mℓ (146kcal)
※お好みでサケフレーク、小女子、たくわん漬け〔全て市販品〕
　（総エネルギーには含まれません）

A 竹輪のごま煮

ingredients
竹輪　1本
砂糖　小2/3
しょうゆ　濃口　小1/4　薄口　小2/3
みりん　小1/2弱
白炒りごま　少々

recipe
1. 小さめのフライパンに砂糖、しょうゆ、みりんを入れ、弱火にかける
2. 砂糖が溶けたら、半分に切った竹輪を入れてころがしながら煮る
3. 火を止め白炒りごまを加え、まんべんなくまぶす

B 味噌汁

ingredients
木綿豆腐　60g
小松菜　40g
えのきだけ　10g
だし汁　2カップ
味噌　大2

recipe
1. 豆腐は食べやすい大きさに、小松菜は2～3cm長さに、えのきだけは半分に切ってほぐす
2. 鍋にだし汁を入れ煮たて、1を入れる
3. 材料に火が通ったら、弱火にして味噌を溶き入れ、中火にしてひと煮たちさせる

調理と食べ方のPOINT
味噌汁…副菜のひとつと考えて、具には不足しがちな野菜など3種類を入れます。味噌は、好みの味噌を使って。
竹輪のごま煮…竹輪などの練りものには、意外と塩分が多く含まれています。大人用に作る場合は、濃口しょうゆだけにして。

朝食　昼食　夕食

チーズパンやチョコクリスピーは、
子供たちが好きな洋食メニュー。具だくさんのスープや
ドライフルーツも添えて、栄養バランスもしっかり摂ります。

総エネルギー
783kcal
たんぱく質　28.1g
脂質　　　　5.4g
塩分　　　　3.2g

05　キャベツのクリームスープの洋朝食

チーズパン 1個 (265kcal)、キャベツのクリームスープ (155kcal)、
りんごジャム 大1 (32kcal)、フルーツ〔オレンジ〕¼個 (23kcal)、
ドライプルーン 2個 (47kcal)、チョコクリスピー 30g (115kcal)、牛乳 200mℓ (146kcal)

A　キャベツのクリームスープ

ingredients
ベーコン　20g (1cm幅切り)
にんじん　20g (薄いいちょう切り)
玉ねぎ　60g (1cm角切り)
じゃがいも　40g (さいの目切り)
キャベツ　60g (2cm角切り)
油　小1
水　2カップ
クリームシチューの素　30g
スキムミルク　大1
塩　少々
こしょう　少々
パセリ　少々 (みじん切り)

recipe
1　鍋に油を入れ熱し、ベーコン、にんじん、玉ねぎを炒め、さらにじゃがいもを加え炒め合わせ、水を入れて煮る
2　材料が煮えたら、キャベツを入れてひと煮たちさせ、いったん火を止める。シチューの素を加えてよく混ぜ溶かし、スキムミルク、塩、こしょうを入れて味を調える
3　再び火にかけ温めて器に盛り、仕上げにパセリを散らす

調理と食べ方のPOINT
キャベツのクリームスープ…ベーコンとキャベツ以外の野菜をよく炒め、うまみを充分引き出して。キャベツはあまり煮過ぎず、甘みと食感を残して。
プルーン…ミネラル豊富で整腸作用も高いので、大人が常食するのにもおすすめ。

Column 01

おかずが足りない時も、これで安心！
朝食の常備菜

ご飯がすすむ

週に5回と和食が中心のラ・サール学園の朝食では、市販品のご飯の友が大活躍。地元九州ではおなじみのものから全国区のものまで、種類も豊富です。

寮の朝食では、炊きたてご飯を準備しますが、早朝からの大量調理ゆえ、おかずの品ぞろえは、昼食や夕食に比べて少なめです。そこで活躍するのが、佃煮や梅干しといった、ご飯をおいしく食べられる常備菜の数々。「市販品ですが、どれも栄養バランスや味付け、食べやすさなどをチェックして出しています」と、栄養士の原口さん。好みのものを自由に取って、ご飯も残さず完食！

①しそ昆布
細かく刻んだ北海道産の昆布を、秘伝の甘辛の味付けで炊いた佃煮。昆布のやわらかさ、色にもこだわり、しその実の風味もまろやか。

②味の花
昔懐かしい、ちょっと甘めの佃煮。切り昆布とサバの削り節に、たっぷりのごまがポイント。おにぎりの具やお茶漬けにもなじむ味。

③辛子めんたい高菜
九州ではおなじみの高菜漬け。辛子明太子と炒めたピリッとした味は、人気のご飯の友。チャーハンやパスタ、ラーメンにも。

④しその実わかめ
しその爽やかな香りと茎わかめの食感がポイントの、ちょっと甘口の佃煮。白いご飯に映える鮮やかな緑色が食欲をそそる。

⑤小女子
厳選したいかなごにたっぷりのくるみをあえた、カルシウム満点の佃煮。くるみのコクと後味の良い甘さは、お茶うけにも。

⑥かつお梅
梅の酸味とかつお節のうまみが、ほどよくからんだ梅漬け。梅干しが苦手でも、これは食べられる生徒も多い。小ぶりで食べやすい。

⑦畑のお肉（すき焼き風）
畑の肉＝大豆たんぱくを、こんにゃく、玉ねぎといっしょに、すき焼き風に味付け。ご飯に合う高たんぱく、低カロリーの惣菜。

問い合わせ先

①⑥（株）丸八
鹿児島県鹿児島市小松原1の31の6
☎099・268・8261
基本的に業務用販売のため、取り寄せに関しては、お問い合わせください。

⑤日本食研（株）
愛媛県今治市富田新港1の3
基本的に業務用販売のため、取り寄せに関しては、下記アドレスまでお問い合わせください。
unit@nihonshokken.co.jp

⑦カモ井食品工業（株）
岡山県倉敷市中島1138
☎086・465・3040
畑のお肉（すき焼き風）
￥1300（1kg）

②③④（株）亜味撰
香川県小豆郡小豆島町草壁本町572の32
☎0879・82・1265
味の花￥420（200g）、辛子めんたい高菜￥240（120g）、しその実わかめ￥370（200g）

昼食
Lunch

午後への活力チャージ

午前中の授業が終わり、
脳にもひと息入れる休憩時間です。
バラエティに富んだ麺類や揚げものなど
大好きな献立でも、早食いは禁物。
良く噛み、食材の味も楽しみます。

子供たちはちょっと苦手な豆類も
大好きなカレーにすると食欲増進。副菜にはビタミン豊富な
トマトを合わせた、さっぱり味のマリネ風サラダを。

総エネルギー
997kcal
たんぱく質　38.5g
脂質　　　　27.5g
塩分　　　　 1.9g

朝食
昼食
夕食

01 サフランライスのドライカレーランチ

サフランライスのドライカレー（717kcal）、
イカのマリネ（96kcal）、フルーツ（りんご）¼個（38kcal）、
牛乳 200ml（146kcal）

A サフランライスのドライカレー

ingredients

米　2合（1合は1カップ180mlで計量）
サラダ油　大½　　ターメリック　小½

豚ひき肉　120g
玉ねぎ　120g（みじん切り）
大豆　約40g（水煮）
にんじん　70g（みじん切り）
油　大½
おろししょうが　小½
おろしにんにく　小¼
カレー粉　大½
水　大4　　顆粒スープの素　大½
小麦粉　大1強
A｜トマトケチャップ　大1⅓
　｜とんかつソース　大½弱　濃口しょうゆ　小½
粉チーズ　少々　　パセリ　少々（みじん切り）

recipe

1. 炊飯器に米を入れ普通に水加減し、サラダ油、ターメリックを入れて炊く
2. 鍋に油、しょうが、にんにくを入れて火にかけ、香りがたったら玉ねぎを加えよく炒め、豚肉をポロポロになるまでよく炒め、カレー粉を振り入れて混ぜ、香りをなじませる
3. 2に大豆、にんじんも入れて炒め合わせる
4. 3に小麦粉を入れて粉っぽさがなくなるまで炒め、水を入れ煮たたせ、顆粒スープの素を加える。汁気がなくなるまで混ぜながら煮て、Aを入れて味を調える
5. 器に1を盛り、4をかけて、仕上げに粉チーズとパセリを散らす

★ サフランは手に入りにくいので、家庭ではターメリックで代用します。炊くのもいたって簡単。白いご飯より見た目も彩りよく、食欲をそそります。

B イカのマリネ

ingredients

イカ　70g
A｜サラダ油　小2½　　酢　小1
　｜塩　少々　　こしょう　少々
パセリ　少々（みじん切り）
きゅうり　60g（薄い輪切り）
トマト　60g（角切り）
玉ねぎ　20g（薄切り）
※付け合わせ
　グリーンリーフ　適宜

recipe

1. イカは内臓と軟骨を取り除き、食べやすい大きさに切り、ゆでて水気を切っておく
2. ボウルにAとパセリを混ぜ合わせ、カットした野菜とイカを入れてあえる
3. 器にグリーンリーフとともに彩りよく盛る

★ イカは季節に合わせて手に入りやすいもので。冷凍ものも可。きゅうり、トマト、玉ねぎとの相性もよく、冷蔵庫保存で作りおきもできます。

600kcal〜700kcalにする場合
ドライカレーは、ライスとも全体の⅔量に。低カロリーのイカのマリネやりんごはしっかり食べて。カルシウム豊富な牛乳は半量にするか、朝食や間食で取り入れて。

牛丼は子供たちの大好きなメニュー。
野菜ギライでも完食できるように味付けします。さらにから揚げサラダを
副菜にして、野菜がたっぷり摂れるように工夫します。

02 野菜たっぷり牛丼ランチ

野菜たっぷり牛丼（693kcal）、
から揚げサラダ（141kcal）、
フルーツ〔りんご〕¼個（38kcal）、牛乳 200ml（146kcal）

総エネルギー
1018kcal
たんぱく質　39.5g
脂質　　　　27.7g
塩分　　　　 4.2g

A 野菜たっぷり牛丼

ingredients
牛もも肉（薄切り）　120g
糸こんにゃく　100g
にんじん　40g（千切り）
玉ねぎ　200g（薄切り）
油　小1
だし汁　60ml
A │ 砂糖　大2　しょうゆ　大2
　│ みりん　大½
長ねぎ　60g（斜め薄切り）
万能ねぎ　2本（3cm長さに切る）
ご飯　560g

recipe
1 牛肉は食べやすい大きさに切る。糸こんにゃく
も食べやすい長さに切り、ゆでこぼしておく
2 鍋に油を入れ熱し、牛肉、にんじん、玉ねぎを
入れ炒め、全体に火が通ったら糸こんにゃくも
入れ、炒め合わせる
3 2にだし汁を入れ煮て、Aで味を調え長ねぎを
入れひと煮たちさせる
4 仕上げに万能ねぎを入れたら火を止め、器に盛
り付けたご飯の上にのせる

★ 低カロリーでも満足感を得られるように、野菜と糸こ
んにゃくはたっぷり入れて。

B から揚げサラダ

ingredients
鶏ささみ　80g
A │ おろししょうが　少々
　│ しょうゆ　小1　酒　小1
片栗粉　適宜
揚げ油　適宜
レタス　60g
きゅうり　60g（斜め薄切り）
万能ねぎ　1本（斜め薄切り）
ミニトマト　2個
和風ドレッシング〔市販品〕　大1½

recipe
1 食べやすい大きさに切った鶏ささみを、Aに20
～30分ほどつけ込む
2 1に片栗粉をまぶし、170℃に熱した油で色よく
揚げる
3 食べやすく切ったレタス、きゅうり、万能ねぎ
をボウルに入れ、ドレッシングであえる
4 器に2と3を盛りミニトマトを添える

★ 鶏ささみにしっかり下味をつけて揚げるのがポイント。
大人ならドレッシングなしでもおいしく食べられます。

600kcal～
700kcalに
する場合

牛丼1人分を全体の⅓量に。から揚げサラ
ダの野菜の量はそのまま、ビタミン、ミネ
ラルをたっぷり摂ります。から揚げを半量
にしてカロリーオフ。牛乳は抜いて。

ちょっと目先を変えたピリ辛味の丼。
それぞれの具材の準備が少し手間ですが、見た目と味、ボリュームや
栄養バランスが優秀で、作りがいがあります。

03 ビビンバランチ

**ビビンバ（823kcal）、豆腐の中華風スープ（39kcal）、
フルーツ〔オレンジ〕¼個（23kcal）、
牛乳 200mℓ（146kcal）**

総エネルギー
1031kcal
たんぱく質 37.3g
脂質 35.5g
塩分 3.9g

A ビビンバ

ingredients
牛もも肉（薄切り） 120g
油 小1

ビビンバのタレ 適宜（54p参照）

大豆もやし 60g 塩 少々
ほうれん草 80g
A｜白炒りごま 少々 ごま油 小¼
　｜濃口しょうゆ 小⅙
にんじん 30g（千切り）
B｜砂糖 小1 酢 小1 塩 小1/12

錦糸卵
卵 1個 砂糖 少々 塩 少々

ご飯 520g
刻みのり 適宜

recipe
1 牛肉を1.5cm幅に切る。鍋に油を熱して炒め、ビビンバのタレ大2で調味する
2 大豆もやしはひげ根を取ってゆで、塩で味付けする
3 ほうれん草はゆで、3cm長さに切りAであえる
4 にんじんをゆで、Bであえる
5 錦糸卵を作る。ボウルに卵を割り入れ、砂糖、塩を加え、薄く油（分量外）をひいたフライパンで薄焼き卵を作る。粗熱をとり千切りにする
6 器にご飯を盛り、1〜5を彩りよくのせて好みでビビンバのタレをかけ、刻みのりを散らす

★ビビンバのタレは、大人には少し甘めなので、砂糖の分量で調整を。

B 豆腐の中華風スープ

ingredients
木綿豆腐 60g（さいの目切り）
カットわかめ 1g
長ねぎ 20g（薄い小口切り）
水 2カップ
顆粒スープの素 4g
濃口しょうゆ 大1
酒 小½
おろしにんにく 小¼
こしょう 少々
白炒りごま 小3

recipe
1 鍋に水を入れ火にかけ煮たたせ、顆粒スープの素、しょうゆ、酒、にんにく、こしょうを入れて味を調える
2 豆腐を入れて火が通ったら、わかめ、長ねぎも入れてさっと煮る
3 器に盛り、仕上げに白炒りごまを振る

★コンソメ味ににんにく風味の効いたスープ。豆腐に火が通り過ぎないように注意して。

600kcal〜700kcalにする場合
ビビンバは小丼にして、ご飯の量を160〜180gに。牛乳は抜いて。低カロリーでたんぱく質やミネラル豊富な豆腐、海藻の汁ものは、満腹感を促すのでしっかり摂って。

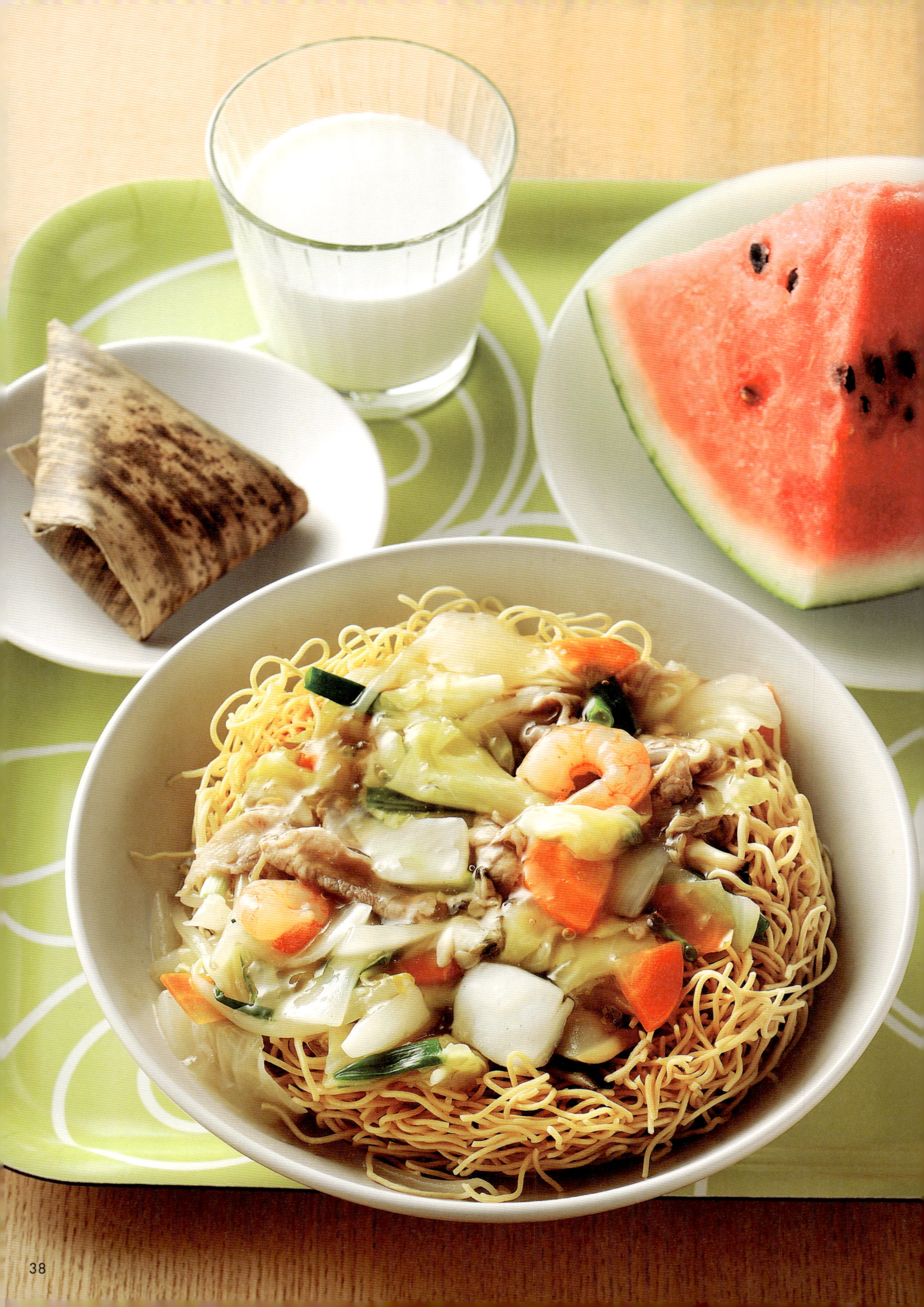

手早く作れ、野菜もたっぷり摂れる一品。
麺類は子供たちに人気のメニュー。
いかに食品数を多く摂れるようにするか、知恵をしぼるところです。

04 揚げそばあんかけランチ

揚げそばあんかけ (581kcal)、中華ちまき〔市販品〕(217kcal)、
フルーツ（すいか）1/16切れ (30kcal)、
牛乳 200mℓ (146kcal)

総エネルギー
974kcal
たんぱく質　38.7g
脂質　　　　37.1g
塩分　　　　 5.0g

A 揚げそばあんかけ

ingredients
豚こま切れ肉　60g
にんじん　20g（薄いいちょう切り）
玉ねぎ　60g（1cm角切り）
エビ　40g
イカ　40g（2cm角切り）
アサリ　20g（むき身水煮）
キャベツ　120g（2cm角切り）
もやし　20g
油　小1
中華スープ　300〜400mℓ（市販の中華スープの素を表示どおりに溶いたもの）
A｜塩　小1/5　しょうゆ　小4
　｜酒　小1
水溶き片栗粉　適宜
万能ねぎ　2本（3cm長さに切る）
揚げ麺〔市販品〕　100g

recipe
1. 鍋に油を入れ熱し、豚肉を炒め、にんじん、玉ねぎを加え炒め合わせる
2. エビ、イカ、アサリとキャベツ、もやしも入れ炒め、全体に油がまわったら、中華スープを加え煮たてる
3. Aで調味して、水溶き片栗粉でほどよいとろみをつけ、最後に万能ねぎを加える
4. 器に揚げ麺を盛り、上から **3** をかける

★ 野菜や魚介など素材のうまみを全て引き出すのがポイント。イカやエビは冷凍のミックス素材でも可。

600kcal〜700kcalにする場合
炭水化物が多いので、中華ちまきを抜き、揚げ麺を40gに。肉、魚介、野菜がバランスよく入ったあんは分量どおりかけてOK。牛乳を飲むなら1/2カップにします。

朝食　昼食　夕食

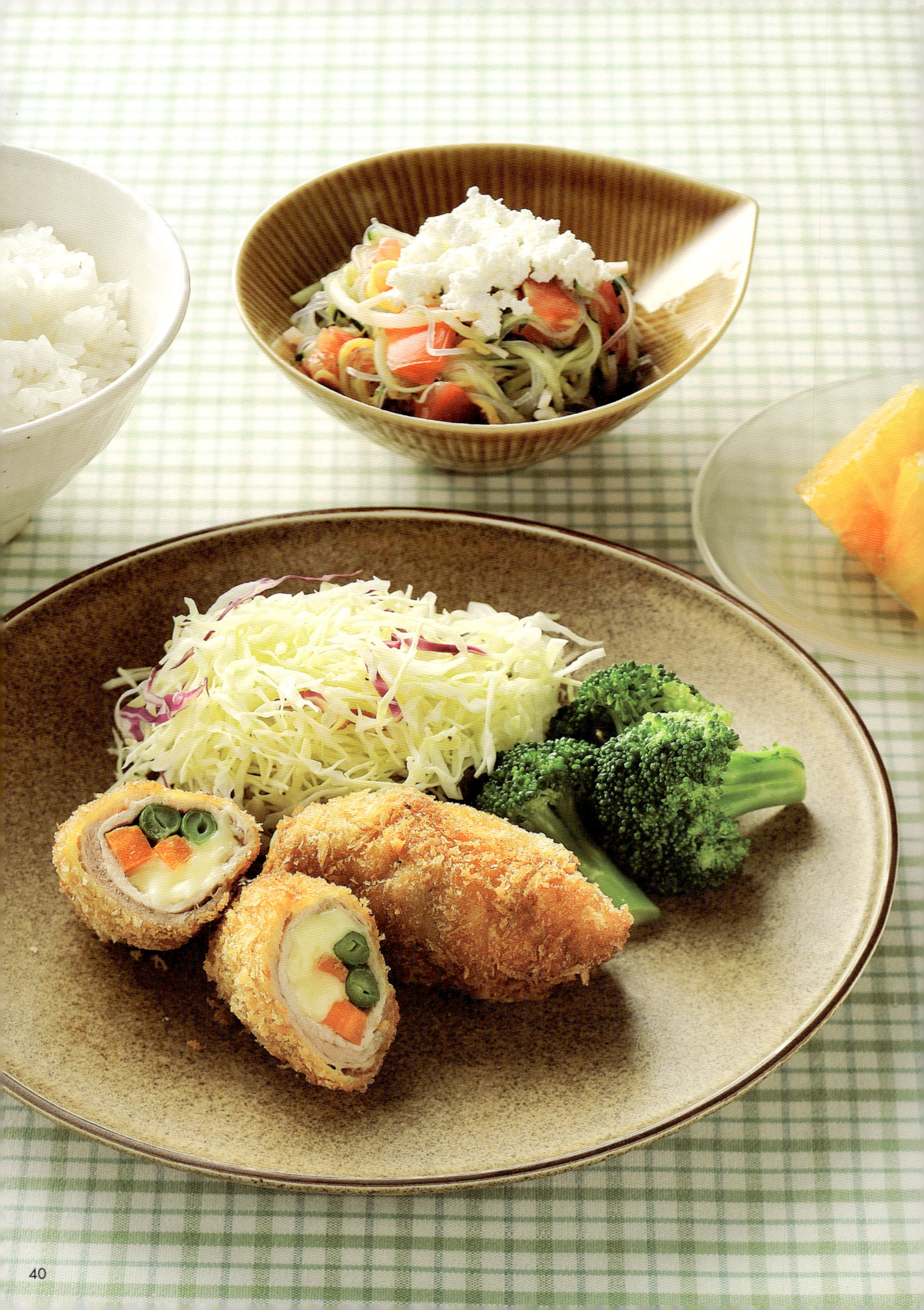

とんかつよりも火が通りやすく、
ボリュームがあって満足感も得られる揚げもの。
副菜には、食品数が多く摂れる酢のものを合わせます。

05 豚肉のロールフライランチ

米飯 240g (412kcal)、豚肉のロールフライ (586kcal)、
春雨のあえもの (108kcal)、
フルーツ〔オレンジ〕¼個 (23kcal)

総エネルギー **1129kcal**
たんぱく質 34.7g
脂質 47.2g
塩分 3.1g

朝食 昼食 夕食

A 豚肉のロールフライ

ingredients
豚ロース肉(薄切り) 160g(40g×4枚)
にんじん 40g
いんげん 40g
プロセスチーズ 48g
塩 少々
こしょう 少々
小麦粉 20g
卵 ½個
パン粉 35g
揚げ油 適宜
※付け合わせ
　キャベツ 80g(千切り)
　紫キャベツ 6g(千切り)
　ブロッコリー 50g(小房に分けてゆでる)

recipe
1. にんじんは5cm長さの棒状に切ってゆで、いんげんも同じ長さに切ってゆでておく。チーズも棒状に切る
2. まな板やバットの上に、豚肉を広げ小麦粉(分量外)を薄く振り1の¼量ずつの材料を肉の端に置いて巻く
3. 2の巻いた肉に塩、こしょうをして、小麦粉、卵、パン粉の順に衣をつける。180℃に熱した油で色よく揚げる
4. ロールフライを食べやすいサイズに切り、付け合わせ野菜といっしょに盛り、とんかつソース(分量外)を添える

★ 揚げたてを食べやすくひと口大にカットして。キャベツなど付け合わせの野菜を必ず添えて。

B 春雨のあえもの

ingredients
緑豆春雨 12g
もやし 36g

錦糸卵
卵 1個　砂糖 少々　塩 少々

ハム 16g(千切り)
きゅうり 60g(千切り)
トマト 70g(角切り)
A｜砂糖 小2⅔　濃口しょうゆ 小2
　｜酢 大½　ごま油 小¾
カッテージチーズ 20g

recipe
1. 春雨はぬるま湯でやわらかくもどし食べやすい長さに切る。熱湯でゆでて水気を切る
2. もやしはゆでてザルにあげ、冷ましておく
3. 錦糸卵を作る。ボウルに卵を割り入れ、砂糖、塩で味付けし、油(分量外)をひいたフライパンで薄焼き卵を作る。粗熱をとったら千切りにする
4. ボウルに1～3とハム、きゅうり、トマトを入れてAであえる
5. 器に盛り付けて、カッテージチーズをのせる

★ チーズの中でも低カロリーのカッテージチーズは、体内への吸収率が高い。カルシウムもたっぷり。

600kcal～700kcalにする場合 豚肉はロースよりも赤身の多いもも肉の脂身を取って使用。具はチーズを除き野菜だけに。春雨のあえものは⅔量にします。ご飯の量は100g程度に減らして。

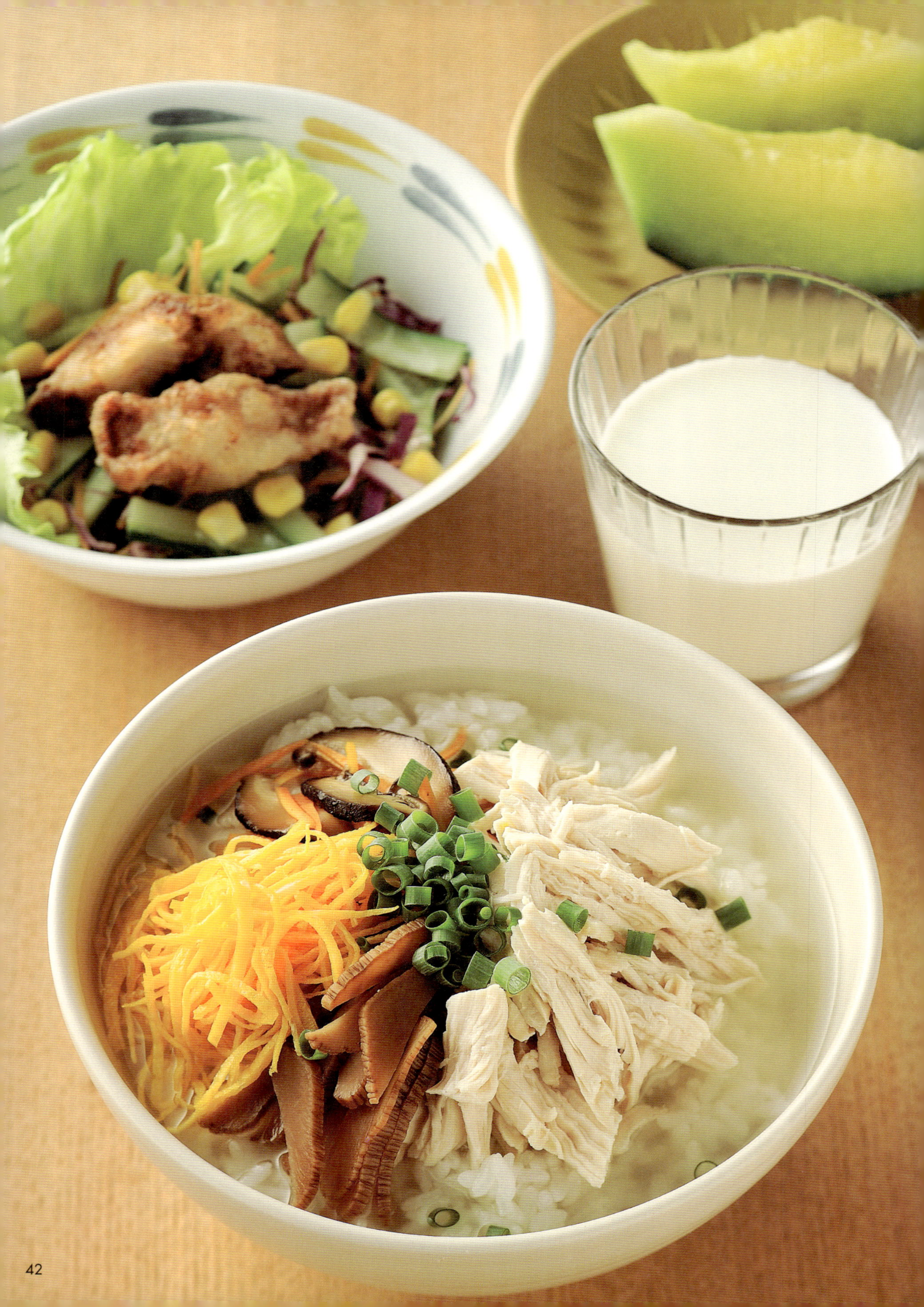

鹿児島県の郷土食でもある鶏飯。
鶏のがらスープをたっぷりかける汁ご飯は、子供たちには
ちょっと物足りないよう。副菜でボリュームを補います。

06 鶏飯（けいはん）ランチ

鶏飯（550kcal）、豚肉とコーンのサラダ（205kcal）、
フルーツ〔メロン〕⅛個（34kcal）、
牛乳 200㎖（146kcal）

総エネルギー
935kcal
たんぱく質　41.8g
脂質　26.5g
塩分　4.2g

A 鶏飯

ingredients
鶏ささみ　100g
酒　小¼
にんじん　12g
干ししいたけ　4g（水でもどす）
A｜砂糖　小½　濃口しょうゆ　小⅔
　｜薄口しょうゆ　小⅙　みりん　小½

錦糸卵
卵　⅔個　砂糖　小⅓　塩　少々

たくわん漬け　24g
万能ねぎ　2本
鶏がらスープ〔市販品〕　2カップ
B｜濃口しょうゆ　小2　塩　小¼
　｜酒　小½　おろししょうが　少々
　｜レモンのしぼり汁　少々
ご飯　540g

recipe
1 ささみは酒を振り、熱湯でゆでて裂いておく
2 にんじんは千切り、しいたけは薄切りにしてAで煮る
3 錦糸卵を作る。ボウルに卵を割り入れ、砂糖、塩で味付けし、薄く油（分量外）をひいたフライパンで薄焼き卵を作る。粗熱をとったら千切りにする
4 たくわん漬けは薄切りに、万能ねぎは小口切りにする
5 鍋に鶏がらスープを入れ火にかけ、Bで調味する
6 大きめの茶碗か丼にご飯を入れ、1〜4を彩りよく盛り付け、5のスープをかける

★ 具だくさんのお茶漬け感覚で食べられ、暑い時期や食欲のない時にもぴったりです。

B 豚肉とコーンのサラダ

ingredients
豚もも肉（かたまり）　70g
A｜濃口しょうゆ　小1　酒　小1
片栗粉　適宜
揚げ油　適宜
にんじん　16g
紫キャベツ　10g
きゅうり　60g
レタス　40g
B｜サラダ油　大1　酢　大1と小½
　｜塩　小¼　こしょう　少々
　｜おろしにんにく　少々
粒コーン　20g（水煮）

recipe
1 豚肉は拍子木切りにし、Aに30分ほどつける
2 1に片栗粉をまぶして170℃に熱した油で揚げ、冷ましておく
3 にんじん、紫キャベツは千切りし、きゅうりは短冊切り、レタスは食べやすい大きさにちぎる
4 ボウルにBを入れよく混ぜ、ドレッシングを作る
5 器に3の野菜を盛り、2とコーンをのせ、上から4のドレッシングをかける

★ 豚肉のから揚げをトッピングしてカロリーアップのサラダ。ドレッシングは好みでかけましょう。

600kcal〜700kcalにする場合
鶏飯はご飯の量を160gにし、それに合わせて具やスープの量を調整。サラダの野菜はそのままの量で、豚のから揚げを半量にします。牛乳を添えるなら半量程度に。

朝食　昼食　夕食

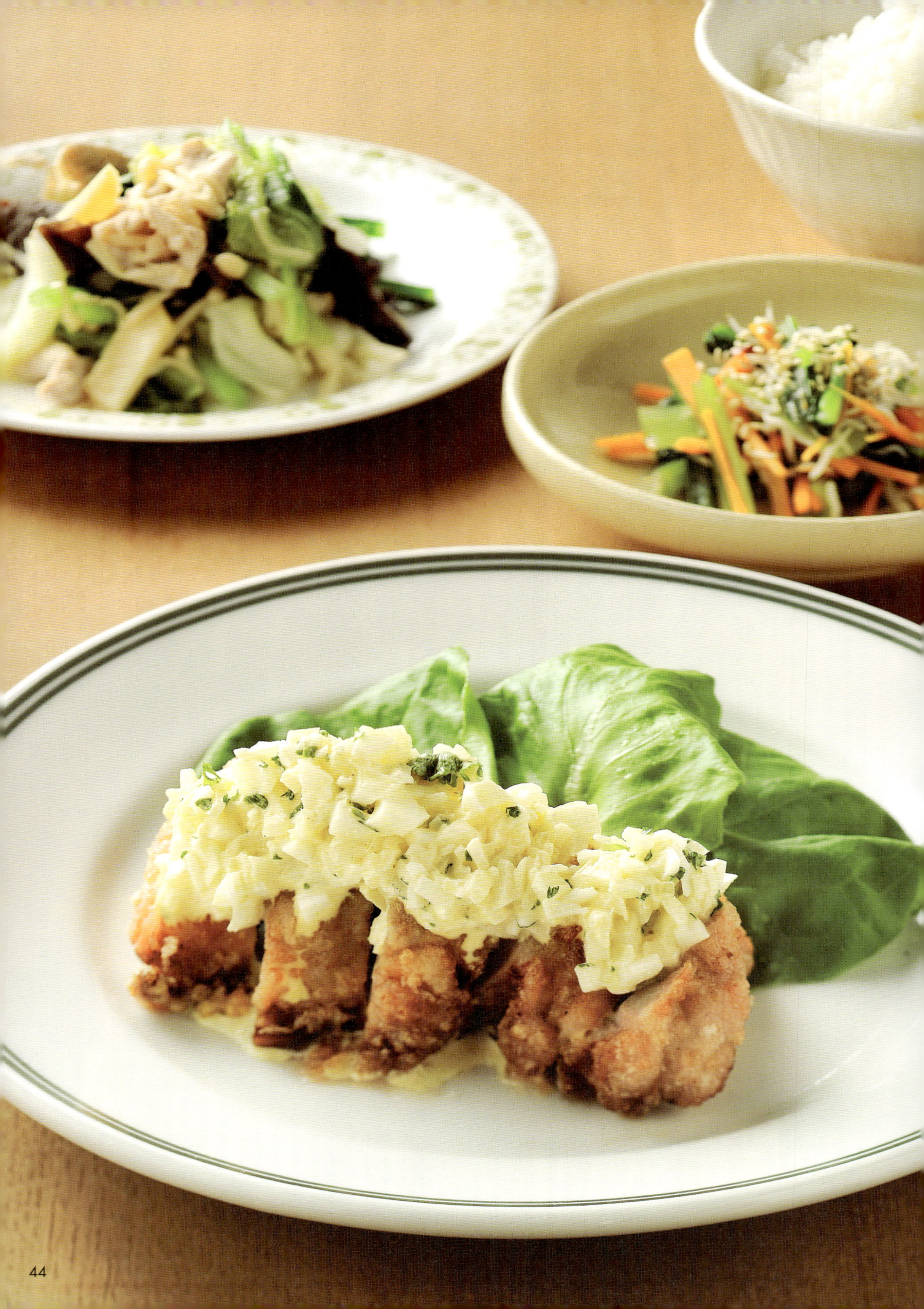

子供たちが好きな鶏肉料理。
中でもベスト3に入る人気メニューは、宮崎県のご当地料理。
2品の副菜で栄養バランスもしっかり。

総エネルギー
1132kcal
たんぱく質 36.9g
脂質 55.0g
塩分 2.9g

07 チキン南蛮タルタルソースかけランチ

米飯 240g (412kcal)、チキン南蛮タルタルソースかけ (573kcal)、
えのきと豚肉の中華風炒め (123kcal)、
カルシウムナムル (24kcal)

A チキン南蛮タルタルソースかけ

ingredients

鶏もも肉　220g
片栗粉　適宜
揚げ油　適宜
A│砂糖　小2⅔　　濃口しょうゆ　小1
　│薄口しょうゆ　小1強　　酢　小2

タルタルソース
ゆで卵　½個(みじん切り)
玉ねぎ　16g(みじん切り)
パセリ　適宜(みじん切り)
マヨネーズ　大2
塩　少々
こしょう　少々
※付け合わせ
　サラダ菜　適宜

recipe

1. Aをバットで混ぜ合わせ甘酢を作る
2. 鶏肉の厚みが均等になるように包丁を入れ開き、片栗粉をまぶして170℃に熱した油で揚げる
3. 油をよく切った鶏肉を1につける
4. タルタルソースを作る。ボウルにゆで卵、玉ねぎ、パセリを入れ、マヨネーズと塩、こしょうで味を調える
5. 3の鶏肉を食べやすく切り、皿に盛り付け4をかける。サラダ菜を彩りに添えて

★ 甘酢につけた鶏肉とタルタルソースが特徴。甘めが苦手な場合は、甘酢の砂糖やしょうゆの分量で微調整を。

B えのきと豚肉の中華風炒め

ingredients

豚こま切れ肉　50g
たけのこ　20g(水煮・短冊切り)
きくらげ　2g(水でもどす)
A│濃口しょうゆ　小2　　酒　小1弱
　│みりん　小1弱　　赤唐辛子の小口切り　少々
えのきだけ　50g(半分に切ってほぐす)
キャベツ　80g(2〜3cm角切り)
小松菜　40g(3cm長さ)
油　小1

recipe

1. 鍋に油を入れ熱し豚肉を炒め、たけのことくらげを加えさらに炒める
2. Aを加えて味付けをし、えのきだけ、キャベツ、小松菜も加えて全体を混ぜ合わせる

C カルシウムナムル

ingredients

小松菜　80g
にんじん　12g
しらす干し　8g
A│ごま油　小¼　　濃口しょうゆ　小⅔
　│赤唐辛子の小口切り　少々
白炒りごま　少々

recipe

1. 小松菜はゆでて、食べやすい長さに切る
2. にんじんも食べやすい長さの千切りにし、さっとゆでる
3. しらす干しは熱湯にさっとくぐらせる
4. ボウルにAを入れて混ぜ合わせ、1〜3と白炒りごまを入れてあえる

★ カルシウムが多く摂れる小松菜、しらす干し、ごまは、大人の健康維持にも欠かせない食品です。

600kcal〜700kcalにする場合
主菜の鶏肉は皮を取ったムネ肉約80gにし、意外とカロリーが高いタルタルソースも半量ほどにして。ご飯は茶碗軽め1杯(120g)に、副菜はそのままの量でOK。

朝食　昼食　夕食

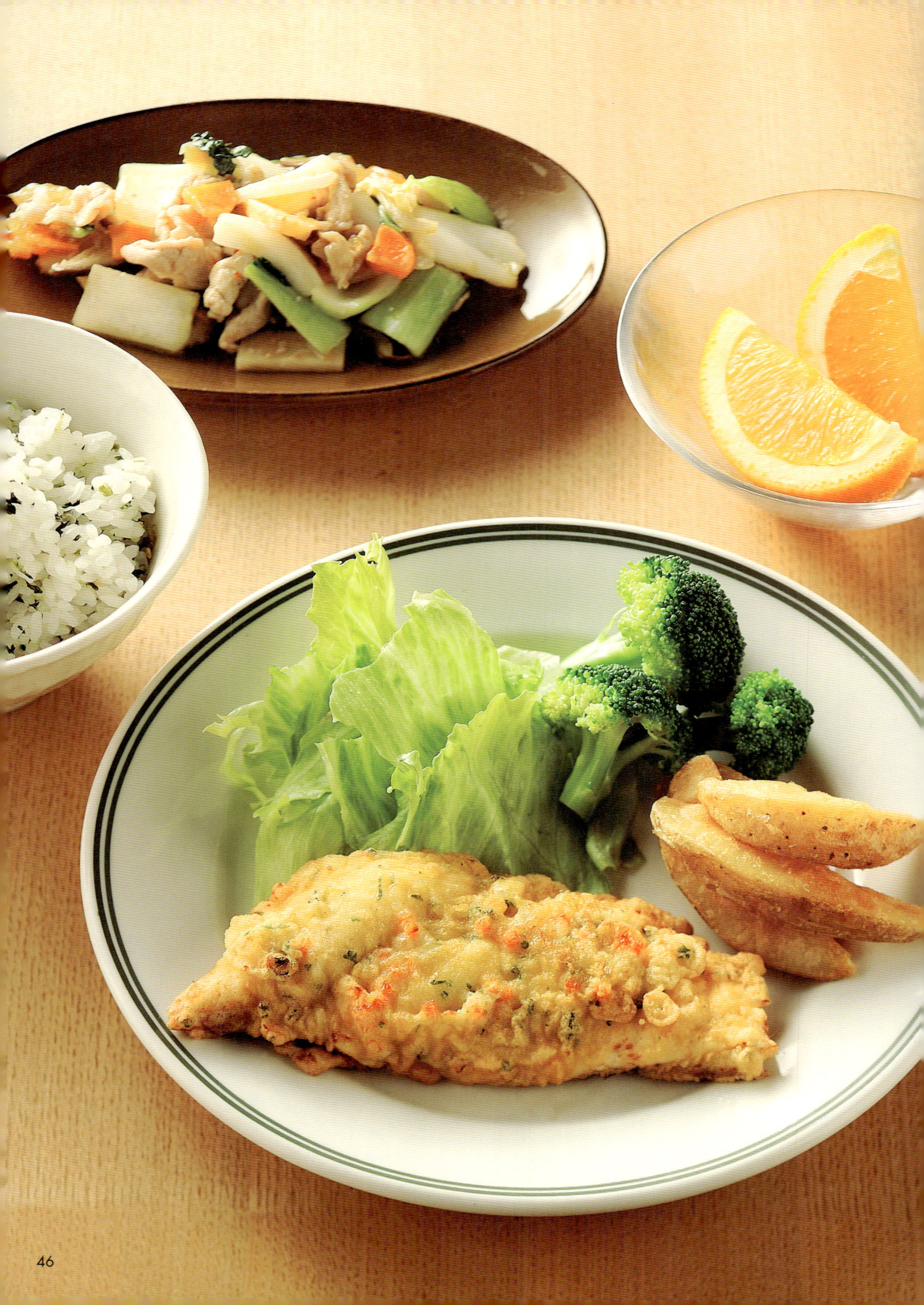

魚は苦手という子供たちも、
揚げものにすると意外と食べてしまうもの。肉も欠かさず、
副菜に豚肉と青梗菜をたっぷり入れます。

08 魚のオランダ揚げランチ

いりこ菜めしご飯（423kcal）、魚のオランダ揚げ（334kcal）、
豚肉と青梗菜のうま煮（128kcal）、フライドポテト（76kcal）、
フルーツ〔オレンジ〕¼個（23kcal）

総エネルギー 984kcal
たんぱく質　35.2g
脂質　　　　31.1g
塩分　　　　 3.2g

A いりこ菜めしご飯

ingredients
ご飯　460g　　いりこ菜めし〔市販品〕　10g

recipe
1. 温かいご飯にいりこ菜めしを入れて混ぜ合わせる

B 魚のオランダ揚げ

ingredients
白身魚　160g（80g×2枚）
塩　少々　　こしょう　少々
にんじん　10g
玉ねぎ　10g
パセリ　5g
A｜スキムミルク　小2　　小麦粉　30g
　｜卵　⅙個　　塩　少々　　だし汁　25mℓ
揚げ油　適宜
※付け合わせ
　皮付きフライドポテト　80g〔冷凍品〕
　レタス　適宜
　ブロッコリー　50g（小房に分けてゆでる）

recipe
1. 白身魚の切り身に塩、こしょうをする
2. にんじん、玉ねぎ、パセリを粗めのみじん切りにする
3. バットに**2**とAを合わせて衣を作り、**1**の魚につける
4. 180℃に熱した油でポテトを揚げて油をきり、続いて魚を色よく揚げる
5. 皿に魚とフライドポテトを盛り付け、レタスとブロッコリーを添える

★ 魚はタラ、ホキ、メルルーサなどで。オランダの国旗をなぞり、にんじん（赤）、玉ねぎ（白）、パセリ（青）を入れた衣で、天ぷらのようにふわりと揚げます。

C 豚肉と青梗菜のうま煮

ingredients
豚こま切れ肉　60g
青梗菜　60g
白菜　60g
にんじん　20g（いちょう切り）
玉ねぎ　40g（5mm厚さのくし形切り）
干ししいたけ　1g（水でもどして薄切り）
たけのこ　20g（水煮・短冊切り）
油　小1
A｜砂糖　小2　　濃口しょうゆ　小2
　｜酒　小1弱　　豆板醤　少々
　｜顆粒スープの素　3g
水溶き片栗粉　適宜

recipe
1. 青梗菜と白菜を食べやすく切る
2. フライパンに油を入れ熱し、豚肉を炒める。肉の色が変わったらにんじん、玉ねぎ、しいたけ、たけのこを加えて炒める
3. 野菜に火が通ったらAで味付けをして、**1**を入れて、さらに炒め合わせる
4. **3**に水溶き片栗粉を入れ、ほどよいとろみをつける

★ ビタミンA、Cが豊富な青梗菜は、風邪予防や美肌効果のある野菜。常備して使いまわしたい。

600kcal〜700kcalにする場合
揚げものの白身魚を約60gに。その分、衣の分量も少なくなり、揚げた時に吸収する油の量が減りカロリーダウン。フライドポテトは抜いて、ご飯も120gに減らして。

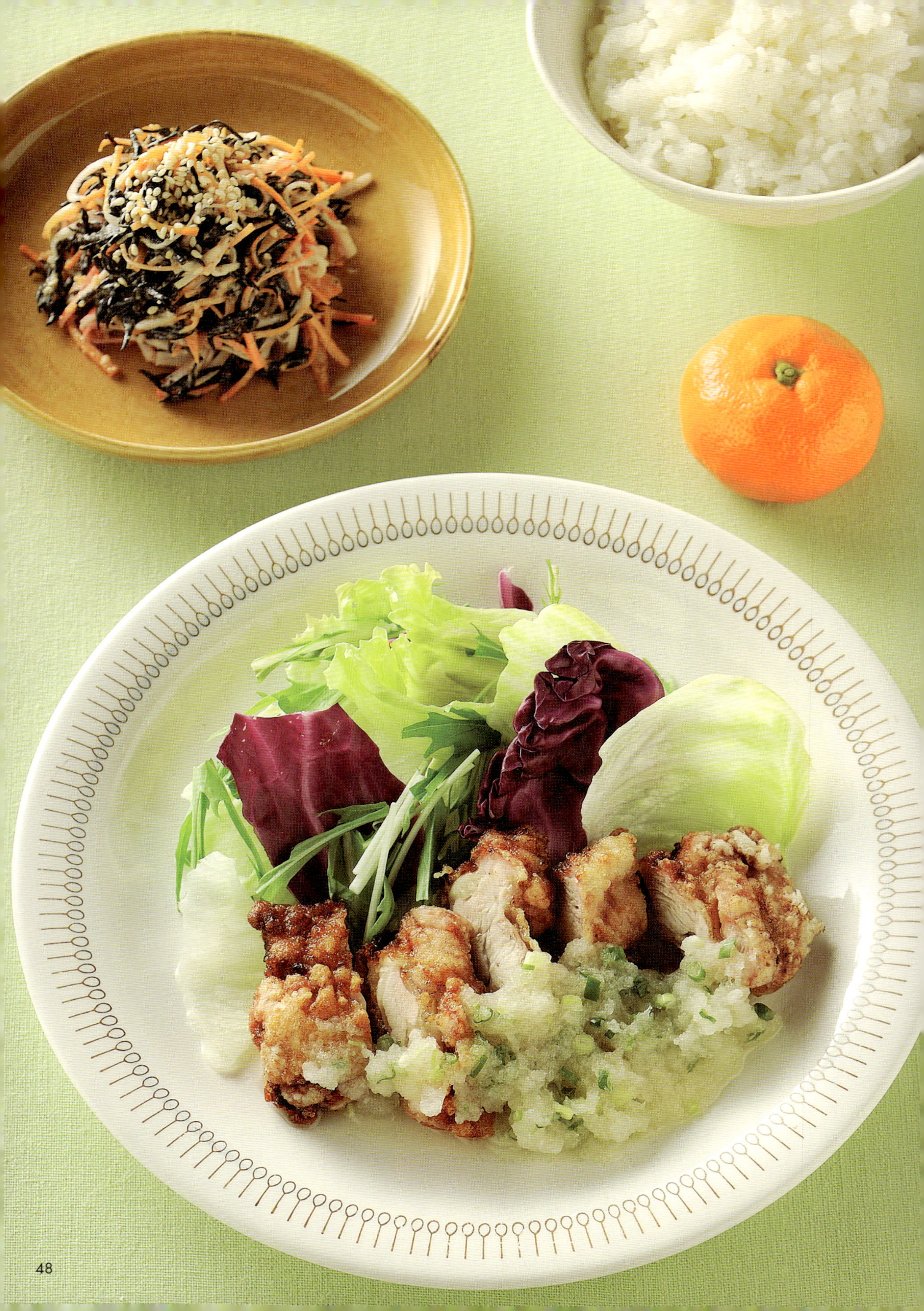

コクのある鶏のもも肉を揚げ、
たっぷりの大根おろしをかけた、さっぱり食べやすい主菜です。
副菜は子供たちの好きなマヨネーズでひと工夫。

総エネルギー
1052kcal
たんぱく質　31.3g
脂質　　　　43.6g
塩分　　　　 2.4g

09 鶏の竜田揚げみぞれソースかけランチ

米飯 240g (412kcal)、鶏の竜田揚げみぞれソースかけ (433kcal)、
ひじきゴマネーズ (162kcal)、フルーツ〔みかん〕1個 (45kcal)

A 鶏の竜田揚げみぞれソースかけ

ingredients
鶏もも肉　240g(120g×2枚)
A│おろししょうが　小½
 │濃口しょうゆ　小1　砂糖　小⅔　酒　小1
片栗粉　適宜
揚げ油　適宜
大根　80g
万能ねぎ　1～2本(小口切り)
B│濃口しょうゆ　小2　酢　小1　砂糖　小2
 │みりん　小⅓　レモンのしぼり汁　小½
※付け合わせ
　レタス　適宜
　紫キャベツ　適宜
　水菜　適宜(5cm長さに切る)

recipe
1 鶏肉を広げ、Aに20分ぐらいつけておく
2 1に片栗粉をまぶし、170℃の油で色よく揚げる
3 大根はおろして水気を切り、ボウルに移し、万能ねぎとBを加えて混ぜ合わせ、みぞれソースを作る
4 2の鶏を食べやすい大きさに切り、器に盛り3のみぞれソースをかける。食べやすい大きさに切った付け合わせの野菜も添える

★ 消化を助ける大根おろしは、揚げものとの相性抜群。酸味を効かせさっぱり味で、たっぷり添えましょう。

B ひじきゴマネーズ

ingredients
ひじき　8g(乾燥)
水　適宜
A│砂糖　小⅔　濃口しょうゆ　小⅓
 │みりん　小⅔　酒　小1
にんじん　30g
ほうれん草　50g
カニ棒　36g
B│マヨネーズ　大2　白すりごま　大2
 │こしょう　少々
白炒りごま　小1

recipe
1 ひじきはよく洗ってからたっぷりの水につけてもどす
2 鍋に水気を切った1とAを入れ、ひじきが調味液にひたひたより少なめになるように水で調整する。火にかけ、混ぜながら汁気がなくなるまで煮つめて火を止め、そのまま冷ましておく
3 にんじんは千切りにしてゆで、ほうれん草もゆでて食べやすく切り、カニ棒はほぐしておく
4 ボウルに2 3を入れ混ぜ、Bであえて、仕上げに白炒りごまを振る

★ ごまとマヨネーズは相性よく、食べやすい味付け。ひじきやほうれん草も入り、鉄分が摂れ貧血予防に。

600kcal～700kcalにする場合
鶏肉は皮を取ったムネ肉80gくらいにし、下味も分量に合わせて調整を。カロリーダウンのためには、成鶏に比べて低カロリーな若鶏がおすすめ。ご飯は120gに減らして。

50

ダントツ人気の麺類の中でも
完食率が高い肉うどんは、青菜も食べてもらえるチャンスです。
餃子やチーズ蒸しパンで、ボリュームも満点。

10 肉うどんランチ

肉うどん (404kcal)、チーズ蒸しパン〔市販品〕(208kcal)、
しそ巻き棒餃子〔市販品〕(221kcal)、
フルーツ〔ぶどう〕約⅓房 (30kcal)、牛乳 200ml (146kcal)

総エネルギー **1009kcal**
たんぱく質 39.5g
脂質 45.1g
塩分 5.6g

A 肉うどん

ingredients

うどん 2玉
A 濃口しょうゆ 大2強
　酒 大½　みりん 小1½
　砂糖 小1⅓
　だし汁(18pのかつおだしで) 500ml
ほうれん草 80g
豚こま切れ肉 120g
油 小1
長ねぎ 60g(斜め薄切り)
B 砂糖 小1　しょうゆ 小1¼
　こしょう 少々　みりん 小⅔
なると 4切れ
万能ねぎ 適宜(小口切り)

※しそ巻き棒餃子の付け合わせ
　キャベツ 60g(千切り)
　きゅうり 30g(斜め薄切り)
　ミニトマト 4個

recipe

1 鍋にAの材料を合わせてだし汁を作る
2 ほうれん草はゆでて2～3cm長さに切る
3 鍋に油を入れ熱し、豚肉を入れ炒めBで調味し、長ねぎも炒め合わせる
4 うどんをゆでて水気を切り丼に入れ、**2 3**を盛り付け、なるとと万能ねぎをのせ、**1**のだし汁をたっぷりかける

※市販品のしそ巻き棒餃子は、揚げて器に盛り、付け合わせ野菜を添える

★ 豚肉は甘辛くしっかり味付けしてからうどんにのせます。しそ巻き棒餃子が見つからない場合は、同じくらいのカロリーの肉餃子でも。

600kcal～700kcalにする場合 肉うどんだけで充分なので、チーズ蒸しパンとしそ巻き棒餃子は抜いて。付け合わせの野菜やフルーツはそのまま、カルシウム源の牛乳は100～150mlくらいに減らします。

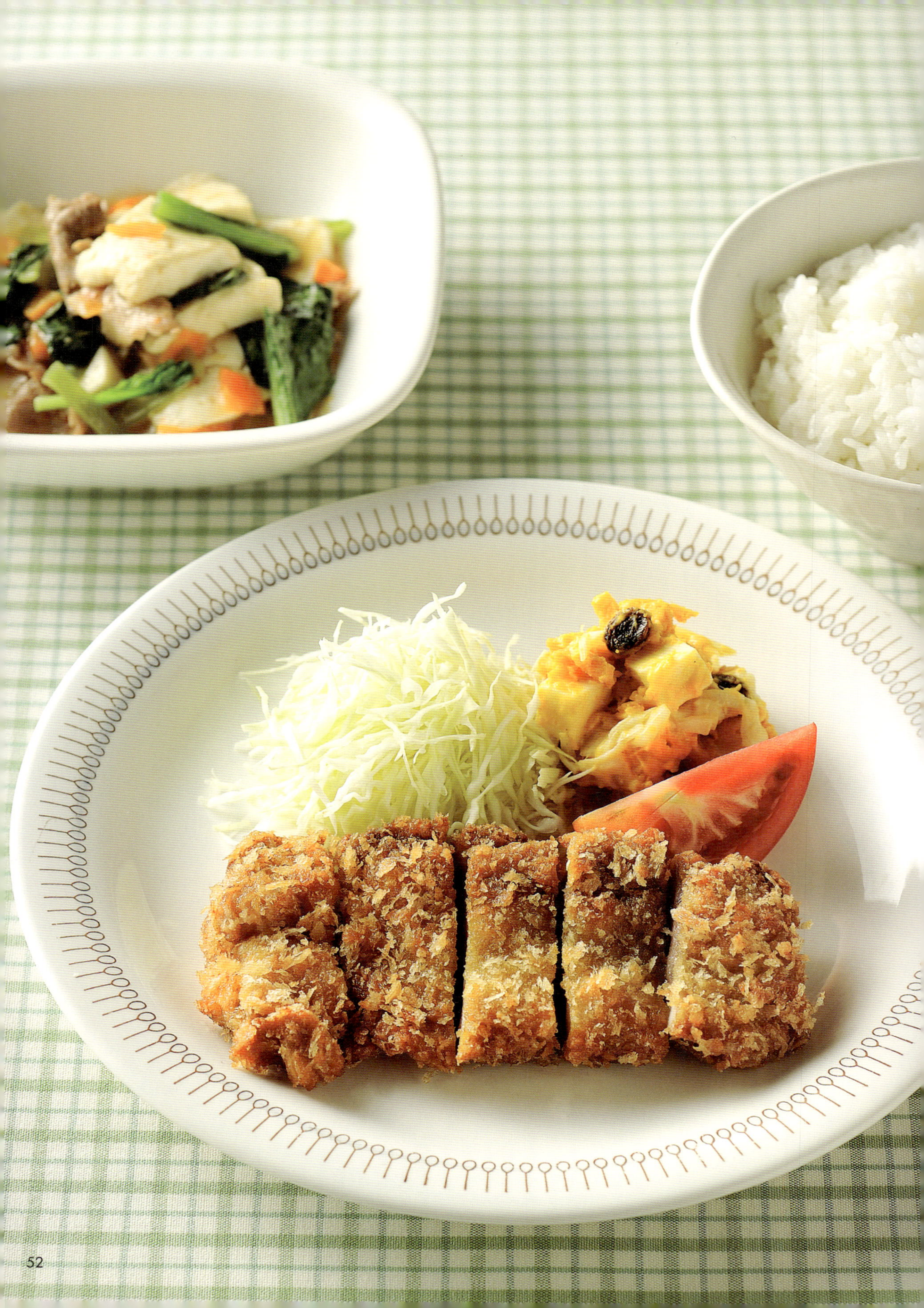

いつものチキンカツをバージョンアップ。
カレー風味で食べやすく、生徒たちにも大好評。
ちょっと甘めのパンプキンサラダともよく合います。

11 チキンカツ カレー風味ランチ

米飯 240g (412kcal)、チキンカツ カレー風味 (436kcal)、
パンプキンサラダ (172kcal)、四川豆腐 (170kcal)

総エネルギー **1190kcal**
たんぱく質 53.8g
脂質 44.6g
塩分 3.9g

A チキンカツ カレー風味

ingredients
鶏もも肉　220g(110g×2枚)
塩　小¼　こしょう　少々　カレー粉　小⅔
小麦粉　適宜　卵　¼個　パン粉　適宜
揚げ油　適宜
※付け合わせ
　キャベツ　80g(千切り)
　トマト　⅓個

recipe
1 鶏肉に塩、こしょう、カレー粉で下味をつける
2 1に小麦粉をまぶし、溶き卵、パン粉をつけ、170℃に熱した油でしっかり火が通るまで揚げる
3 食べやすく切って器に盛り、付け合わせの野菜とパンプキンサラダを添える

B パンプキンサラダ

ingredients
かぼちゃ　120g
玉ねぎ　20g
プロセスチーズ　20g
干しぶどう　6g
マヨネーズ　20g
塩　少々
こしょう　少々

recipe
1 かぼちゃは種を取り皮をむき、2cm角に切ってやわらかくなるまで蒸す
　※電子レンジ(600W)なら2〜3分
2 ボウルに蒸したかぼちゃを入れマッシャーでつぶす
3 玉ねぎは薄切りにして水にさらす
4 2のかぼちゃに水気を切った3と1cm角に切ったチーズと干しぶどうを入れ、マヨネーズであえ、塩、こしょうで味を調える

★ かぼちゃとレーズンの甘みにチーズの塩分がアクセントになって、大人にもおいしく食べられます。

C 四川豆腐

ingredients
豚こま切れ肉　60g
にんじん　20g(薄いいちょう切り)
小松菜　40g(3cm長さに切る)
木綿豆腐　200g
A｜おろしにんにく　小¼
　｜おろししょうが　小¼
　｜豆板醤　小⅙
油　小2
B｜しょうゆ　小2½　酒　小1
　｜砂糖　小2½　中華スープの素　小¼
　｜ラー油　少々
水溶き片栗粉　適宜

recipe
1 中華鍋に油を入れ熱し、Aを入れ香りがたったら豚肉、にんじん、小松菜を入れ炒める
2 肉の色が変わったらBで調味し、大きめに切った豆腐を入れ、混ぜながら火を通す
3 豆腐が温まったら、小松菜を加え炒め、水溶き片栗粉でほどよいとろみをつける

★ 豆腐と小松菜と、カルシウムがたっぷり摂れ、ご飯のおかずにもぴったりのピリ辛い味です。

600kcal〜700kcalにする場合
鶏肉は皮を除いたムネ肉を使い、カツは半量、パンプキンサラダは⅔量に。ご飯も軽く1杯にし、野菜と豆腐が主役の四川豆腐は、そのままの分量をしっかり摂ります。

Column 02

寮めしで人気の味付けからセレクト
保存のきく合わせ調味料

便利！

寮食レシピの中でも、生徒たちに人気の料理に使う、手作りの合わせ調味料をご紹介。
忙しい時はもちろん、いつもの味付けに変化をつけたい時にも役立ちます。

寮食では、出来る限り手作りを目指し、味付けのポイントとなる調味料も、メニューによって工夫を凝らしています。中でも、ごま味噌やピリ辛ダレ、ビビンバのタレといった合わせ調味料は、味にコクやメリハリをつけ、苦手な食材も食べやすくします。市販品とは違い、好みに合わせて甘みや辛さを調整でき、主菜はもちろん、副菜にも使いまわせる便利なもの。保存もきくのでぜひお試しを！

ごま味噌

ingredients
砂糖　大8
味噌　大4
しょうゆ　大2⅔
みりん　大3弱
白すりごま　大3弱

recipe
1　小鍋にすりごま以外の材料を入れ、火にかけよく混ぜる
2　砂糖が溶けとろみが出てきたらすりごまを入れ、全体に合わせ混ぜる

●かぼちゃとなすのごま味噌かけ（66p）の他、ぶっかけ麺、焼きなす、冷やっこなどにおすすめ。
●フタのある密閉容器や密閉袋で保存。冷蔵で10日ぐらい、冷凍で3か月ぐらい使えます。

ピリ辛ダレ

ingredients
おろししょうが　小1弱
砂糖　大3
しょうゆ　大4⅔
酢　大4⅓
みりん　大2½
ごま油　小1⅔　ラー油　小⅔
中華スープの素　小1強

recipe
1　小鍋にごま油、ラー油以外を入れ、火にかけ混ぜる
2　砂糖が溶けたら、ごま油とラー油を入れ、混ぜ合わせる

●油淋鶏（72p）のほか、白身魚や豚肉の揚げもの、中華風のサラダなどに。
●フタのある密閉容器や密閉袋で保存。冷蔵で1週間から10日ぐらい、冷凍で1か月ぐらい使えます。

ビビンバのタレ

ingredients
ごま油　大6½
しょうゆ　大5½
砂糖　大8
おろしにんにく　小1
おろししょうが　小1
コチジャン　大5⅓
白ごま　大⅓

recipe
1　小鍋に材料を全て入れ、火にかけよく混ぜ合わせる

●ビビンバ（36p）のほか、野菜炒め、冷やしうどん、肉炒めにおすすめ。
●フタのある密閉容器や密閉袋で保存。冷蔵で1週間ぐらい、冷凍で3か月ぐらい使えます。

夕　食
Dinner

リラックスして楽しむ

1日の中で、一番ゆったりと時間をかけて
食事が摂れる夕食。
仲間たちとの楽しいおしゃべりは、
リラックス効果を生みます。
おいしく食べて、明日への活力を蓄えて！

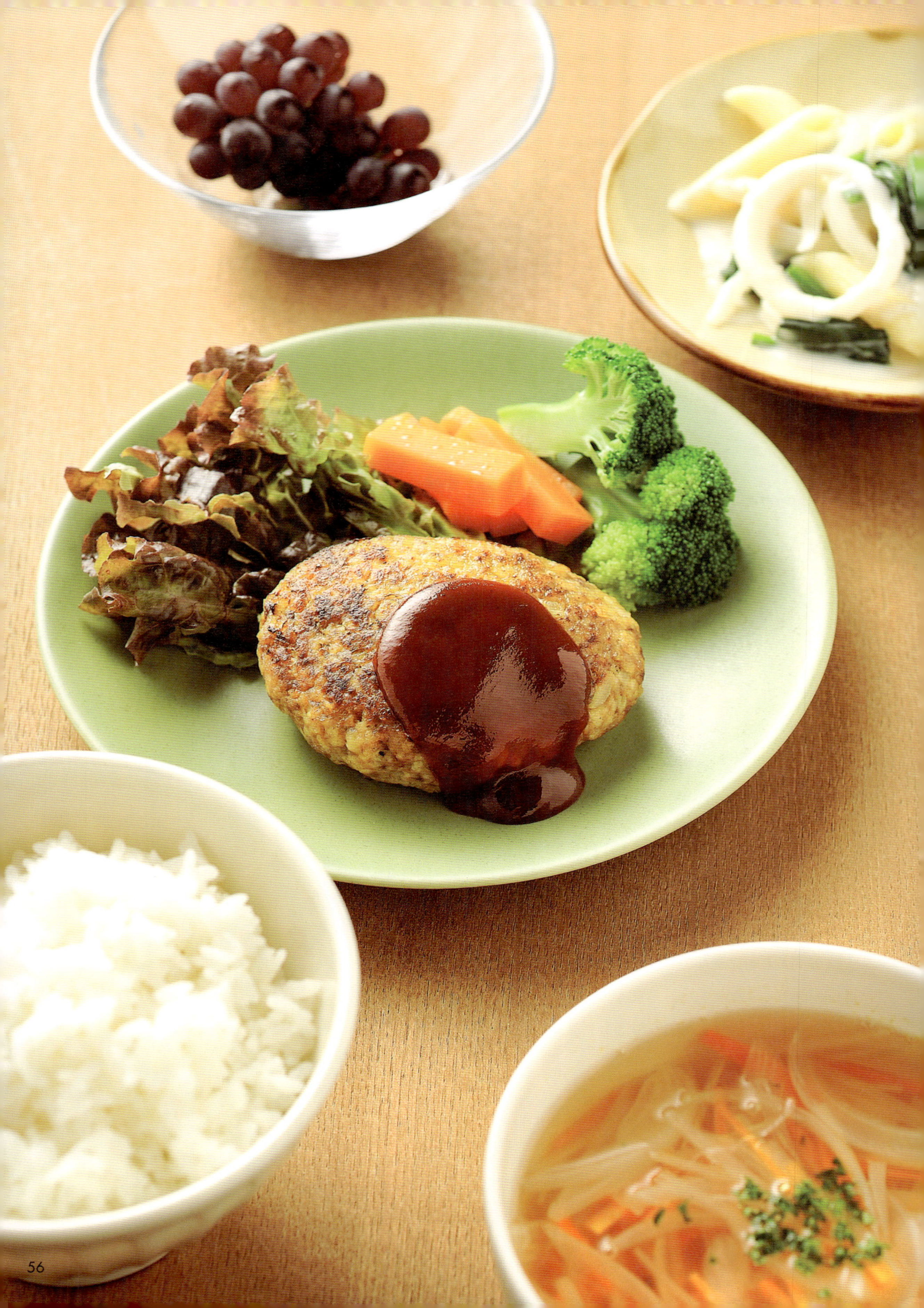

鶏ひき肉をプラスしたヘルシーなハンバーグ。
副菜とスープで野菜の種類もふんだんに摂り込めます。

総エネルギー
1032kcal
たんぱく質　42.6g
脂質　28.3g
塩分　3.6g

01　カレー味ハンバーグ定食

米飯 240g (412kcal)、カレー味ハンバーグ (374kcal)、にんじんグラッセ (37kcal)、
ほうれん草とイカのクリームパスタ (157kcal)、コンソメジュリアンヌ (22kcal)、
フルーツ（ぶどう）約⅓房 (30kcal)

A　カレー味ハンバーグ

ingredients

鶏ムネひき肉　100g
合びき肉　100g
玉ねぎ　60g　　パン粉　30g　牛乳　大2
A｜卵　¼個　　粉チーズ　大1
　｜カレー粉　小1　　塩　小⅓
　｜こしょう　少々　　ナツメグ　少々
B｜トマトケチャップ　大1　　ウスターソース　小2
油　小1
※付け合わせ
　サニーレタス　適宜
　ブロッコリー　50g（小房に分けてゆでる）

recipe

1. 玉ねぎはみじん切りにし、パン粉は牛乳に浸す
2. フライパンに油小½を入れ、**1**の玉ねぎをよく炒める
3. 大きめのボウルにひき肉と**1**、**2**、Aを入れて手で混ぜ、粘りが出過ぎないようにこねる
4. **3**を二等分して成形し、フライパンを熱して油小½をひいたところに並べ、中火で焼く
5. おいしそうな焼き色がついたら、裏返して弱火にし、フタをして蒸し焼きする
6. ハンバーグを器に盛り、付け合わせ野菜を添える
7. **5**のフライパンの余分な油を拭き、Bを入れて弱火にし、ソースを作り**6**にかける

★ 肉の調味に入れる粉チーズは、コクを加えるとともにカルシウムも摂れます。

B　にんじんグラッセ

ingredients（作りやすい分量・4人分）

にんじん　80g
水　適量　　砂糖　小2⅔
マーガリン　8g　　塩　少々

recipe

1. にんじんは拍子木切りにする
2. 鍋に**1**を入れ、ひたひたの水と砂糖、マーガリン、塩を入れ、中火にかけて水分をとばしながら煮る
3. 水気がほとんどなくなったら鍋を少し振り、にんじんに照りを出す。約¼量を器に盛る

C　ほうれん草とイカのクリームパスタ

ingredients

イカ　40g（下処理されたもの）
ほうれん草　40g
玉ねぎ　30g
ペンネ　34g　　油　小1　　牛乳　70ml
水　100ml　　クリームシチューの素　小2
スキムミルク　小2　　顆粒スープの素　2g
塩　小⅛　　こしょう　少々

recipe

1. イカは輪切りにして熱湯でゆでておき、ほうれん草も熱湯で色よくゆでて3cm長さに切る
2. 玉ねぎは薄切りにする
3. たっぷりの湯（分量外）でペンネを少しかためにゆでる
4. 鍋に油を入れ熱し、**2**を炒める
5. **4**に牛乳、お湯で溶いたクリームシチューの素、スキムミルク、顆粒スープの素を加え混ぜ、そこへ**3**を入れ全体に火を通す
6. 最後にイカとほうれん草を加え、塩、こしょうで味を調える

D　コンソメジュリアンヌ

ingredients

にんじん　20g（千切り）
玉ねぎ　60g（薄切り）
セロリ　20g（千切り）
顆粒スープの素　4g　　水　360ml
塩　小⅙〜⅓　　こしょう　少々
パセリ　適量（みじん切り）

recipe

1. 鍋に水と顆粒スープの素を入れ火にかけ、煮たってきたらにんじん、玉ねぎ、セロリを入れる
2. 野菜に火が通ったら、塩、こしょうで味を調える
3. 器に盛り、仕上げにパセリを散らす

★ 食感を生かすため、野菜は細めに切り、さっと煮て。

600kcal〜700kcalにする場合
ハンバーグとソースは全体の⅓量に。付け合わせはそのままでOK。副菜のパスタは全体の¼量に、ご飯は茶碗軽く1杯にして。果物は果糖を含むので夕食ではカット。

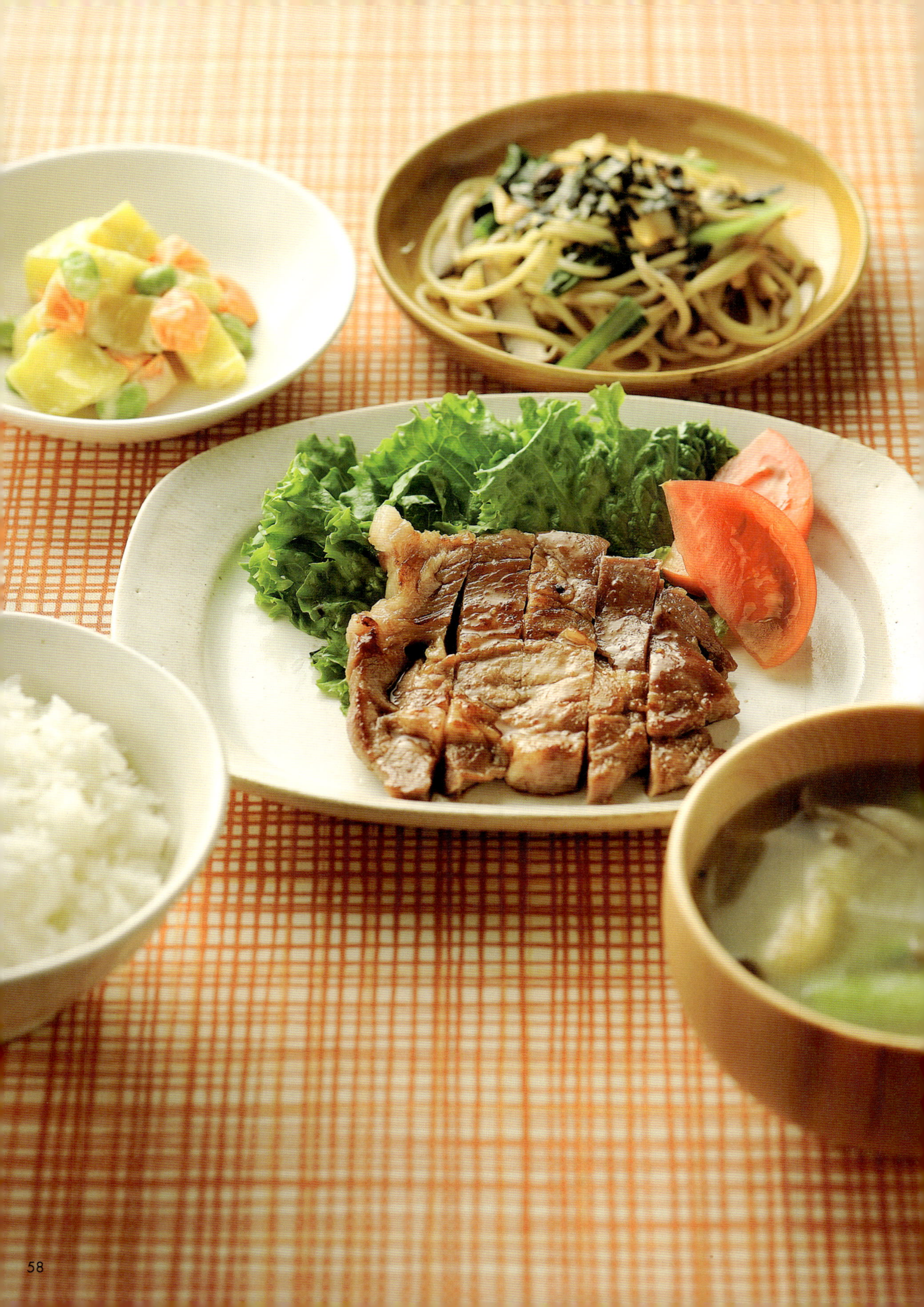

ビタミンB₁を豊富に含む豚肉が主役。
副菜のパスタで鉄分を、サラダで繊維質もしっかり摂ります。

総エネルギー
1044kcal
たんぱく質 40.2g
脂質 35.8g
塩分 6.1g

02 豚肉の中華風ステーキ定食

米飯 240g（412kcal）、豚肉の中華風ステーキ（296kcal）、アサリときのこの和風スパゲッティ（127kcal）、さつまいものコロコロサラダ（139kcal）、味噌汁（70kcal）

A 豚肉の中華風ステーキ

ingredients
豚肩ロース肉（ソテー用） 200g（100g×2枚）
A 砂糖 小2　濃口しょうゆ 小1⅔
　 酒 小1　オイスターソース 大1
　 おろしにんにく 小½
油 大½
※付け合わせ
　グリーンリーフ 適宜
　トマト ⅓個

recipe
1 ボウルかバットにAの材料を入れよく混ぜ合わせ、豚肉を30分ほどつけ込む
2 フライパンに油を入れ熱し、1を入れ、ほどよい焼き色をつけながら両面を焼く
3 器に盛り、付け合わせ野菜を添える

★ 肉はこげやすいので、焼き過ぎないように注意して。

B アサリときのこの和風スパゲッティ

ingredients
アサリ 40g（むき身）
しめじ 40g
干ししいたけ 小½枚（水でもどす）
スパゲッティ 40g
油 小1　おろしにんにく 少々
小松菜 30g
塩 小⅓　濃口しょうゆ 小1
刻みのり 適宜

recipe
1 しめじは小房に分け、しいたけは薄切りにする
2 たっぷりの湯（分量外）でスパゲッティを袋の表示どおりにゆでておく
3 鍋に油を入れ熱し、にんにくを入れ香りが立ったら、1とアサリを入れ炒める
4 材料に火が通ったら、食べやすく切った小松菜を入れさらに炒め、塩、しょうゆで調味する
5 2のスパゲッティを入れて全体をさっと炒める
6 器に盛り、仕上げに刻みのりをのせる

★ アサリときのこのだしがうまみになるので、味見をしながら調味をします。

C さつまいものコロコロサラダ

ingredients
さつまいも 100g
にんじん 20g
枝豆 40g
マヨネーズ 大1⅔
塩 少々　こしょう 少々

recipe
1 さつまいもは2cmの角切りにして蒸す。
　※電子レンジ（600W）なら約2分
2 にんじんは1cm角切りにしてゆでる
3 枝豆はゆで、さやから実を出しておく
4 ボウルに1〜3を入れ、マヨネーズであえ、塩、こしょうで味を調える

★ 彩りの美しさもおいしさの秘訣。さつまいもとにんじんは、それぞれ大きさをそろえて食べやすく切ります。

D 味噌汁

ingredients
大根 60g
しめじ ¼房
油揚げ 10g
小松菜 ¼束
だし汁 2カップ
味噌 大2

recipe
1 大根は色紙切り、しめじは小房に分け、油揚げは短冊に切る
2 小松菜は2cm長さに切り、ゆでておく
3 鍋にだし汁を入れ煮たて、1を加え火が通ったら、2を入れ、味噌を溶き入れる

600kcal〜700kcalにする場合
豚肉は脂身を除いて約60gに。副菜に炭水化物を使う場合は、ご飯は茶碗½杯くらいにし、副菜のスパゲッティも½量に。さつまいものサラダはそのまま摂ってOK。

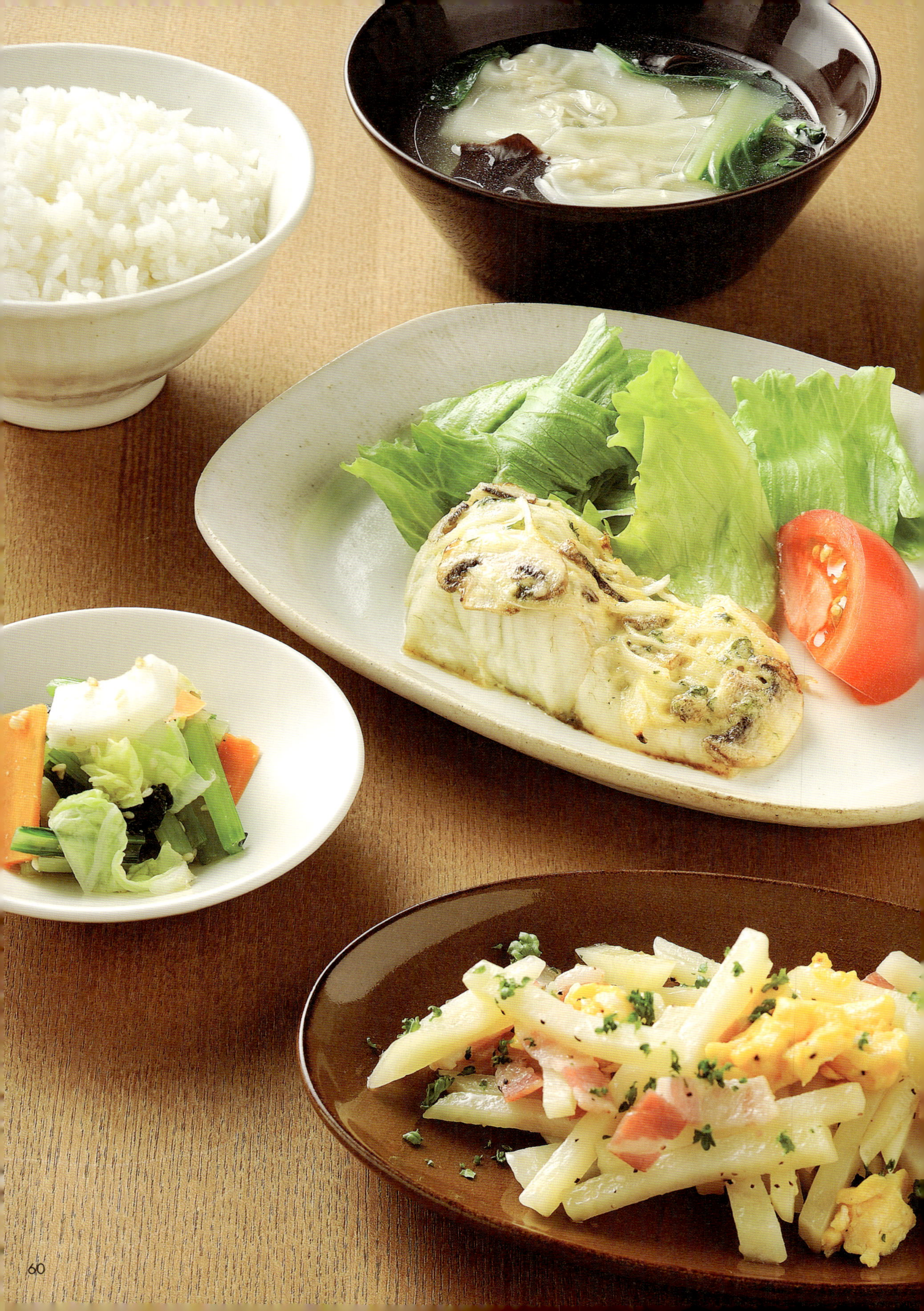

淡白な魚を野菜とマヨネーズ味でボリュームアップ。
じゃがいもと卵のベーコン炒めは、子供たちにも人気の副菜です。

総エネルギー
972kcal
たんぱく質　36.4g
脂質　34.2g
塩分　4.5g

03 魚のマヨネーズ焼き定食

米飯 240g (412kcal)、魚のマヨネーズ焼き (269kcal)、じゃがいもと卵のベーコン炒め (190kcal)、小松菜のごまあえ (34kcal)、ワンタンスープ (67kcal)、

A 魚のマヨネーズ焼き

ingredients
白身魚(スズキ)　160g(80g×2枚)
A｜塩　小⅙　　白ワイン　小1弱
B｜マッシュルーム　12g(薄切り)
　｜玉ねぎ　24g(薄切り)
　｜パセリ　適宜(みじん切り)
　｜マヨネーズ　大2　　塩　適宜
　｜こしょう　適宜
※付け合わせ
　レタス　適宜　　トマト　⅓個

recipe
1 白身魚にAで下味をつける
2 ボウルにBの材料を入れ混ぜ合わせておく
3 1を190℃のオーブンで15分ほど焼き、取り出す
4 3に2をのせ、もう一度オーブンに入れ、玉ねぎに火が通る程度焼く
5 器に盛り、付け合わせ野菜を添える

★ 魚はタイやタラなどでもOK。

B じゃがいもと卵のベーコン炒め

ingredients
じゃがいも　140g(5mm角棒状)
卵　1個
塩　適宜　　こしょう　少々
油　小1½
おろしにんにく　小¼
ベーコン　36g(1cm幅切り)
黒こしょう(粗挽き)　少々
パセリ　少々(みじん切り)

recipe
1 じゃがいもは切って水にさらす
2 フライパンに油小½を入れ熱し、塩少々とこしょうで味付けした溶き卵を入れ、炒り卵を作って取り出す
3 フライパンをきれいにして油小1を入れ熱し、にんにくを香りが立つまで炒め、ベーコン、じゃがいもの順に加え炒める
4 じゃがいもに火が通ったら、塩少々と黒こしょうで味を調え2を入れ混ぜる
5 器に盛り、仕上げにパセリを散らす

C 小松菜のごまあえ

ingredients
小松菜　80g
にんじん　10g(短冊切り)
白菜　20g(1cm幅切り)
A｜白すりごま　4g　　砂糖　小⅔
　｜しょうゆ　小½　　みりん　小½

recipe
1 小松菜はゆで、食べやすい大きさに切る
2 にんじん、白菜は切って、それぞれゆでる
※それぞれ耐熱容器に入れラップをして、電子レンジ(600W)に約10秒かけてもよい
3 ボウルにAを合わせ混ぜ、1 2を入れてあえる

★ 鉄分、カルシウムなどが豊富でくせのない小松菜は、あと一品欲しい時に便利な野菜。

D ワンタンスープ

ingredients
肉ワンタン(市販品)　4個
青梗菜　¼株
きくらげ　1g(水でもどす)
鶏がらスープの素　小1⅔
水　2カップ
しょうゆ　小1
塩　適宜
こしょう　適宜

recipe
1 鍋に水と鶏がらスープの素、しょうゆを入れ、煮たてる
2 食べやすく切った青梗菜ときくらげを加え、さらにワンタンも入れる。ワンタンに火が通ったら、塩、こしょうで味を調える

★ ワンタンの皮の滑らかなノドごしと、"こし"をなくさないよう、ゆで過ぎに注意します。

600kcal〜700kcalにする場合
白身魚は比較的低カロリーだが、ソースとともに⅔量くらいに減らす。スープのワンタンを1個に減らし、ご飯は茶碗に軽く1杯に。その他の副菜はそのままでOK。

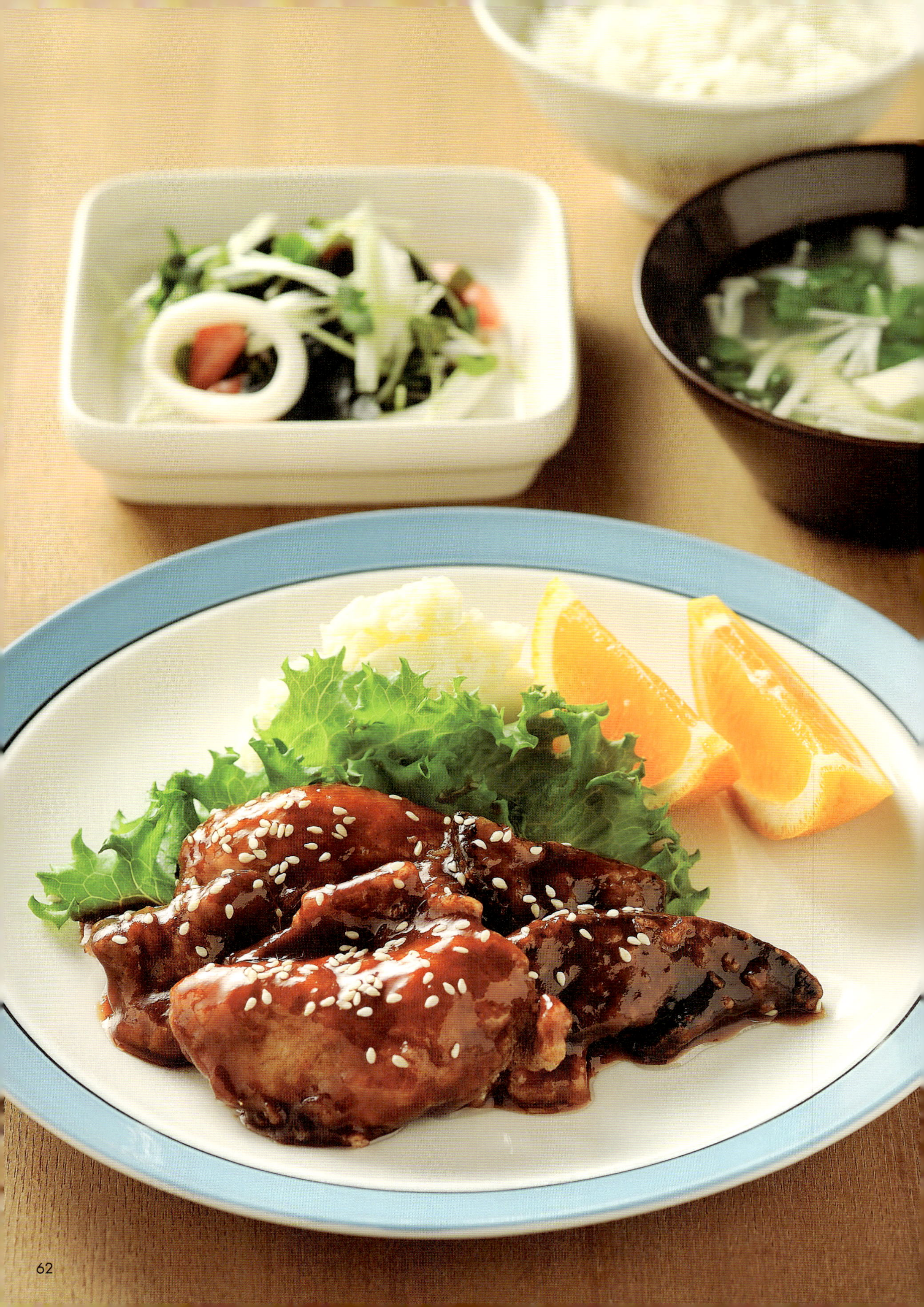

子供たちの好きなオーロラソースで、
レバーもおいしく食べられ、ご飯もすすむメニューです。

総エネルギー
1105kcal
たんぱく質　43.9g
脂質　32.9g
塩分　6.2g

04 豚肉と豚レバーのオーロラソース定食

米飯 240g (412kcal)、豚肉と豚レバーのオーロラソース (494kcal)、マッシュポテト (63kcal)、イカのピリ辛サラダ (83kcal)、青菜とえのきのスープ (30kcal)、フルーツ〔オレンジ〕¼個 (23kcal)

A 豚肉と豚レバーのオーロラソース

ingredients
豚レバー　60g(30g×2枚)
豚ロース肉(しょうが焼用)　160g(40g×4枚)
A｜濃口しょうゆ　小2　酒　小1
　｜おろししょうが　小1½
小麦粉　10g　片栗粉　10g
揚げ油　適宜
B｜トマトケチャップ　大3
　｜ザラメ(白砂糖も可)　大2
　｜ウスターソース　大2½
白炒りごま　大1
※付け合わせ
　グリーンリーフ　適宜

recipe
1　豚レバーは血抜きをしておく
2　豚ロース肉と1をAに20分ほどつけておく
3　小麦粉と片栗粉を合わせ衣を作り、2に薄くつけて170℃に熱した油で揚げる
4　小鍋にBを入れ温め、オーロラソースを作る
　※Bを耐熱ボウルに入れラップをして電子レンジ(600W)に20秒ほどかけてもよい
5　3を4にからませ、白炒りごまを振る
6　器に盛り、付け合わせ野菜とマッシュポテトを添える

★ 豚レバーは脂肪などがついていたら、きれいに取り除き、流水や牛乳で血抜きをして使います。

B マッシュポテト

ingredients
じゃがいも　100g
マーガリン　4g
スキムミルク　6g
牛乳　10㎖
塩　少々　こしょう　少々

recipe
1　じゃがいもを適当な大きさに切り、水にさらす。やわらかくなるまでゆで、水気を切ったらマッシャーでよくつぶす
2　鍋に1を入れ火にかけ、マーガリン、スキムミルク、牛乳を入れ合わせ、塩、こしょうで味を調える

C イカのピリ辛サラダ

ingredients
イカ　60g(下処理されたもの)
塩　少々　酒　小1
A｜砂糖　小1⅓　しょうゆ　大1
　｜酢　大½　ごま油　小½　豆板醤　少々
トマト　100g(角切り)
きゅうり　60g(薄い輪切り)
カットわかめ　2.6g(水でもどす)
玉ねぎ　16g(薄切り)
かいわれ菜　20g(半分に切る)

recipe
1　イカは輪切りにして、塩と酒で下味をつけておき、熱湯でゆでて水気を切る
2　ボウルにAを入れ、よく混ぜドレッシングを作る
3　2に1と野菜、わかめを入れてあえる

★ 大人の場合は、豆板醤で辛みを調整します。

D 青菜とえのきのスープ

ingredients
木綿豆腐　60g(食べやすく切る)
えのきだけ　20g(半分に切る)
おろしにんにく　小¼
青梗菜　40g
だし汁　400㎖
A｜塩　小⅕　しょうゆ　小2　酒　小1

recipe
1　鍋にだし汁を入れ火にかけ、Aで調味する
2　豆腐、えのきだけ、にんにくを加え、最後に食べやすい大きさに切った青梗菜を入れ火を通す

★ にんにく風味を効かせたスープ。青梗菜に限らず、旬の青菜や野菜を摂り入れて。

600kcal～700kcalにする場合
主菜の豚ロース肉を1枚にして脂身をきれいに取り、オーロラソースも¼量にすると約350kcalに。ご飯は、茶碗に軽く1杯(120g)にし、フルーツを抜くと600kcal台に。

朝食　昼食　夕食

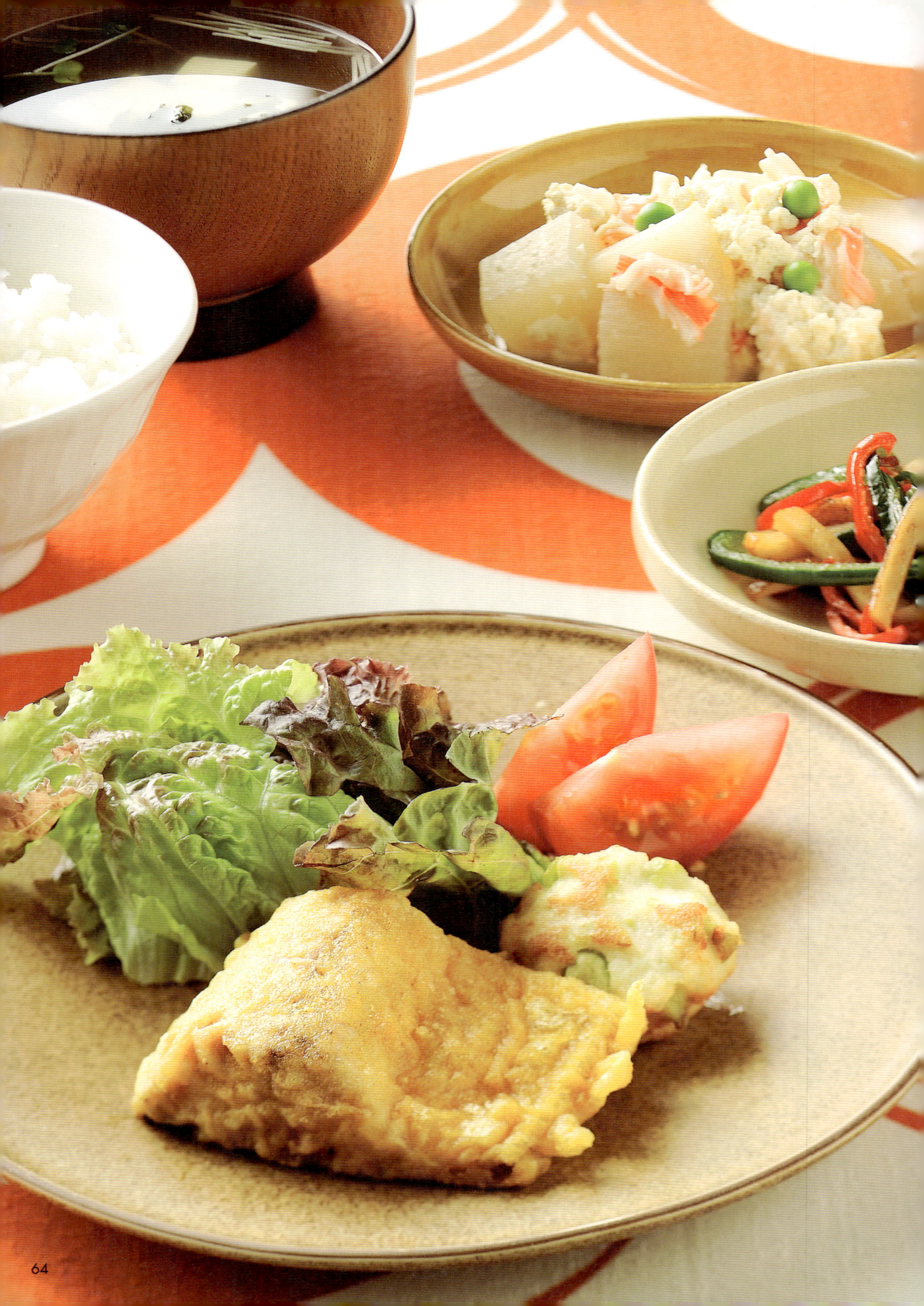

カレーの香りで魚臭さが抑えられます。
青魚のEPA、DHAには抗酸化作用があり、大人にもおすすめ。

総エネルギー
973kcal

たんぱく質	38.4g
脂質	35.9g
塩分	4.8g

05 サバのカレー香り揚げ定食

米飯 240g(412kcal)、サバのカレー香り揚げ(315kcal)、枝豆のふっくら揚げ〔市販品〕(52kcal)、大根の雪花煮(110kcal)、さつま揚げのピリ辛ソテー(57kcal)、あおさ汁(27kcal)

A サバのカレー香り揚げ

ingredients

サバ　160g(80g× 2枚)
A｜塩　小⅙　　カレー粉　小½
　｜小麦粉　小2⅔
水　大2½
揚げ油　適宜
※付け合わせ
　サニーレタス　適宜
　トマト　⅓個

recipe

1 サバの切り身に塩、こしょう(それぞれ分量外)で下味をつける
2 Aに水を加え揚げ衣を作る
3 **1**に**2**をつけて、170℃に熱した油で揚げる
4 器に盛り、付け合わせ野菜と枝豆のふっくら揚げ〔市販品〕を添える

★ **カレー粉の分量で辛みを調整します。**

B 大根の雪花(せっか)煮

ingredients

大根　120g
油　小1
だし汁　80mℓ
A｜塩　小⅛　　薄口しょうゆ　小2
　｜酒　小2　　砂糖　小2
カニ棒　36g(3〜4cm長さに切る)
木綿豆腐　100g(しっかり水切りする)
グリーンピース　10g(水煮)

recipe

1 大きめの角切りにした大根を、油をひいた鍋で、表面が透き通るまでよく炒める
2 **1**にだし汁とAを加え、大根をじっくり煮る
3 **2**にほぐしたカニ棒と、手で細かくつぶした豆腐を入れ、さらに煮る
4 仕上げにグリーンピースを入れる

★ **大根は、味をよく煮ふくめるため、最初によく炒めるのがポイント。雪の中に赤い花が咲いているイメージの料理。**

C さつま揚げのピリ辛ソテー

ingredients

棒天(さつま揚げで可)　40g(千切り)
ピーマン　30g(千切り)
赤ピーマン　20g(千切り)
油　小1
A｜オイスターソース　小⅓
　｜ごま油　大½　　赤唐辛子の小口切り　少々
　｜塩　小⅛　　こしょう　少々

recipe

1 フライパンに油を熱し、棒天、ピーマン、赤ピーマンを炒め、Aを加え調味する

★ **ピーマンが苦手でも、ごま油の香りとピリ辛の味付けで食べやすくなります。**

D あおさ汁

ingredients

木綿豆腐　60g
あおさのり　1g
かいわれ菜　10g
だし汁　2カップ
酒　小1
塩　小⅙
濃口しょうゆ　大1

recipe

1 鍋にだし汁を入れ煮たたせ、酒、塩、しょうゆで調味する
2 食べやすい大きさに切った豆腐を入れ、少し煮る
3 さらに、あおさのり、食べやすい大きさに切ったかいわれ菜を加えてひと煮たちさせる

★ **あおさのりは色や香りが落ちるので、煮過ぎないこと。**

600kcal〜700kcalにする場合
青魚のサバはDHAやEPAの宝庫。分量を約60gに。豆腐や海藻、野菜を使った副菜や汁物の分量はそのまま、ふっくら揚げは抜いてもOK。ご飯は茶碗に軽く1杯に。

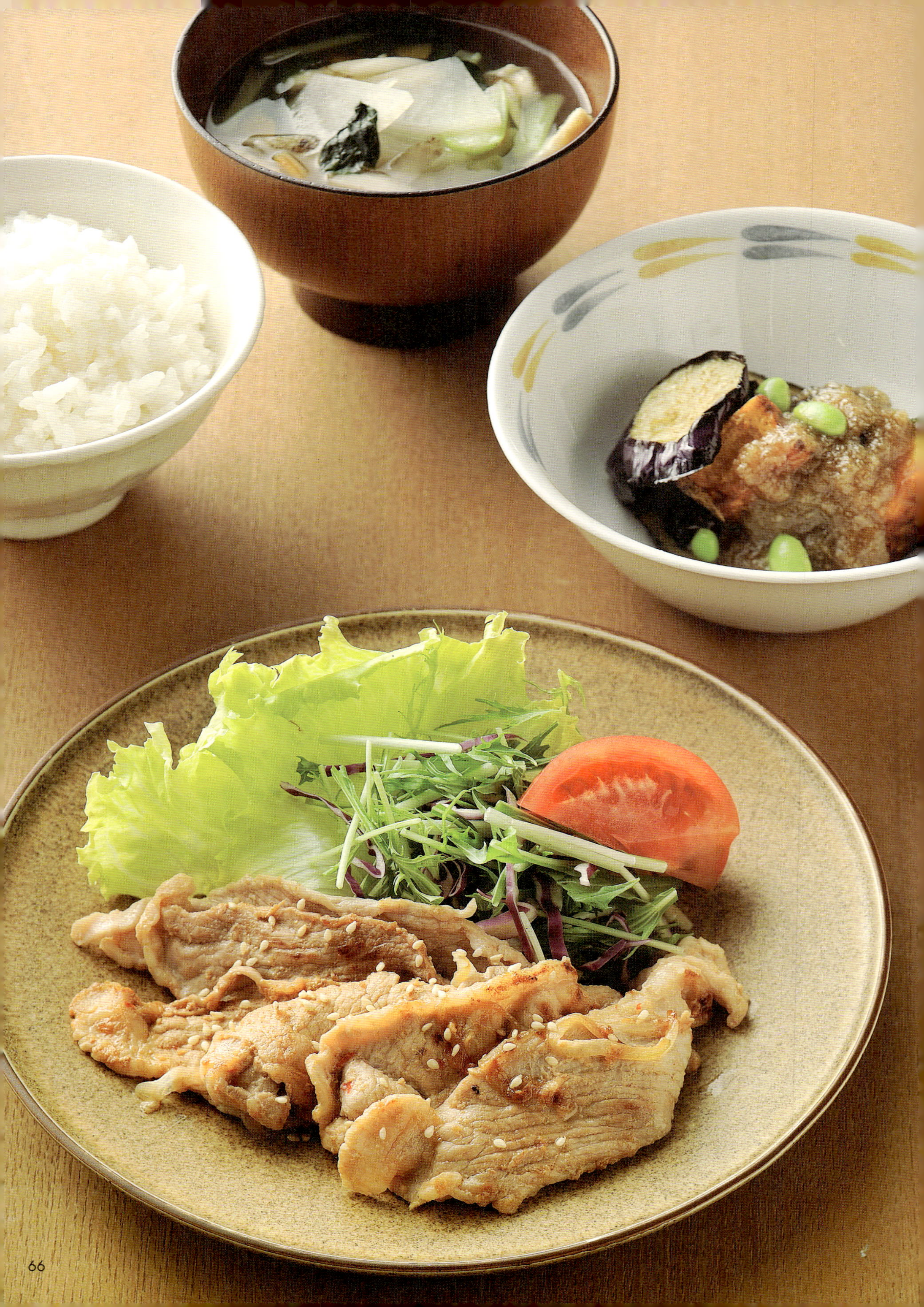

豚肉に豊富に含まれるビタミンB₁は、
疲労回復やイライラを抑える効果もあります。

総エネルギー
1046kcal
たんぱく質　33.2g
脂質　　　　39.7g
塩分　　　　 3.8g

06 カルビ焼き定食

米飯 240g (412kcal)、カルビ焼き (313kcal)、
かぼちゃとなすのごま味噌かけ (277kcal)、野菜椀汁 (44kcal)

A カルビ焼き

ingredients

豚ロース肉(薄切り)　100g
豚もも肉(薄切り)　100g
玉ねぎ　60g
A｜おろししょうが　小½
　｜おろしにんにく　小½
　｜濃口しょうゆ　大1弱　みりん　小⅔
　｜酒　小1　豆板醤　少々　ごま油　小¼
油　小1
白炒りごま　少々
※付け合わせ
　レタス　適宜
　水菜　適宜(5cm長さに切る)
　紫キャベツ　適宜(千切り)
　トマト　⅓個

recipe

1 玉ねぎは薄切りにする
2 ボウルにAを入れよく混ぜ合わせ、豚肉と玉ねぎを15分ぐらいつけ込む
3 フライパンに油を入れて熱し、2を焼いて白炒りごまを振る
4 器に3を盛り、付け合わせ野菜を添える

★ 豚肉に玉ねぎやにんにくを合わせると、ビタミンB₁の吸収率がアップします。

B かぼちゃとなすのごま味噌かけ

ingredients

かぼちゃ　150g(角切り)
なす　140g(1cm厚さの斜め切り)
揚げ油　適宜
枝豆　40g

ごま味噌　大3(54p参照)

recipe

1 かぼちゃとなすは約160℃に熱した油で素揚げする
2 枝豆はゆでてさやから実を出しておく
3 器に1を盛りごま味噌をかけ、上に枝豆をのせる

★ ごまは良質の脂質、たんぱく質、食物繊維をはじめ、栄養成分にも優れています。

C 野菜椀汁

ingredients

大根　60g(いちょう切り)
にんじん　20g(いちょう切り)
ごぼう　12g(ささがき)
油揚げ　10g(短冊切り)
小松菜　¼束(2cm長さに切る)
塩　小⅙
だし汁　2カップ
酒　小1
しょうゆ　小2
水溶き片栗粉　適宜

recipe

1 鍋にだし汁を入れ煮立たせ、酒、しょうゆで味付けする
2 大根、にんじん、ごぼう、油揚げを入れ、野菜がやわらかくなるまで煮る
3 2に小松菜を入れサッと煮て、塩で味を調える
4 水溶き片栗粉で軽くとろみをつける

★ 火の通りやすい小松菜は必ず最後に入れます。

600kcal～700kcalにする場合
カルビ焼きの豚肉は、赤身の多いもも肉だけ1人約80gにして脂身カット。あえものは、野菜をグリル焼きにし、ごま味噌も控えめにしてカロリーオフ。ご飯も軽めに。

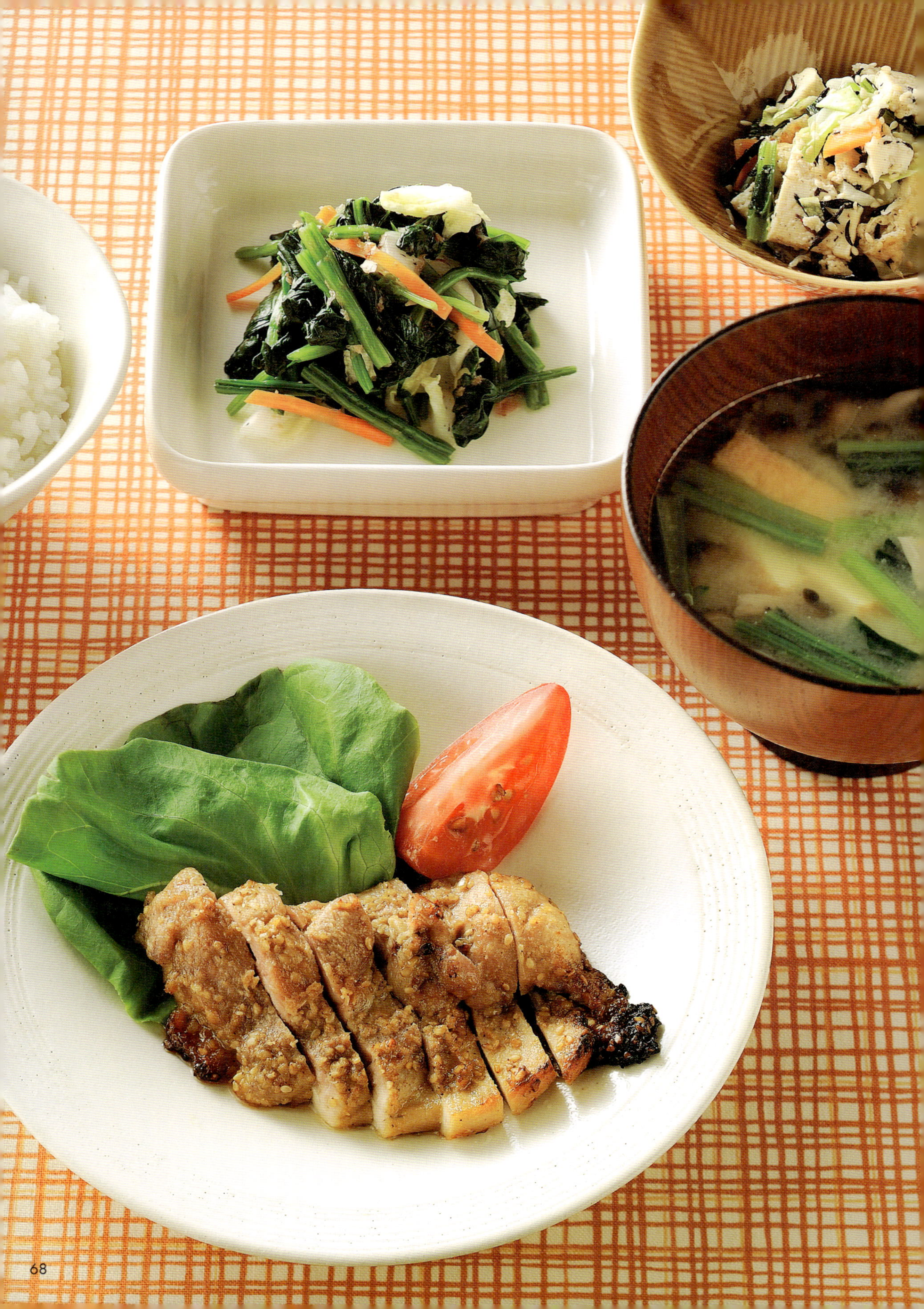

主菜はごまダレを準備しておけば、あとは焼くだけ。
副菜で食品数を多く摂り入れます。

総エネルギー 962kcal
たんぱく質 42.7g
脂質 34.8g
塩分 5.5g

07 鶏のごまダレ焼き定食

米飯 240g (412kcal)、鶏のごまダレ焼き (355kcal)、ひじき入り炒り豆腐 (105kcal)、
ほうれん草と白菜のおかかあえ (21kcal)、味噌汁 (69kcal)

A 鶏のごまダレ焼き

ingredients

鶏もも肉　220g (110g × 2枚)
A｜白すりごま　8g
　｜濃口しょうゆ　小2/3　薄口しょうゆ　小2
　｜みりん　小1
※付け合わせ
　サニーレタス　適宜
　トマト　1/3個

recipe

1. ボウルかバットにAを入れよく混ぜ合わせ、鶏肉を20分ぐらいつけ込む
2. 1を190℃のオーブンで約15分、肉の様子を見ながら焼く
3. キツネ色に焼き目がついて火が通ったら取り出し、食べやすい大きさに切る
4. 器に盛り、付け合わせ野菜を添える

B ひじき入り炒り豆腐

ingredients

にんじん　20g (いちょう切り)
ひじき　2g (乾燥・水でもどす)
油揚げ　10g (短冊切り)
しらす干し　6g
木綿豆腐　80g (しっかり水切りする)
小松菜　30g (3cm長さに切る)
キャベツ　40g (角切り)
油　大1/2
砂糖　小2　濃口しょうゆ　小2　みりん　小1
白炒りごま　少々

recipe

1. 鍋に油を入れ熱し、にんじん、ひじきを炒め、油がまわったら、油揚げ、しらす干しを入れ炒める
2. 砂糖、しょうゆ、みりんで調味し、豆腐を手でくずしながら入れ、さらに炒める
3. 小松菜、キャベツを加え、全体を炒め合わせ、仕上げに白炒りごまを振る

★ カルシウムや鉄分が多く摂れる便利な副菜。大人には、栄養バランスの良いおつまみにもなります。

C ほうれん草と白菜のおかかあえ

ingredients

ほうれん草　100g
白菜　40g
にんじん　6g
A｜しょうゆ　小2　みりん　小1
　｜かつお節　2g

recipe

1. ほうれん草はゆでて、水気を切り食べやすい大きさに切る
2. 白菜は1cm幅に切ってからゆで、水気を切る
3. にんじんは太めの千切りにしてゆでる
4. 1〜3をボウルに入れ合わせ、Aであえる

★ 食感やうまみを逃さないよう、野菜のゆで過ぎに注意します。

D 味噌汁

ingredients

厚揚げ　30g
しめじ　30g
小松菜　60g
だし汁　2カップ
味噌　大2

recipe

1. 厚揚げは食べやすい大きさに切り、しめじは小房に分け、小松菜はさっとゆでて食べやすく切る
2. 鍋にだし汁を入れ煮たて、1を入れる
3. 材料に火が通ったら、弱火にして味噌を溶き入れ、中火にしてひと煮たちさせる

600kcal〜700kcalにする場合　肉料理のカロリーは、脂肪分の有無がポイント。鶏もも肉は、皮と皮下脂肪をきれいに取り除けば150kcal以上カロリーオフ。ご飯は、茶碗軽く1杯（約120g）に。

朝食　昼食　夕食

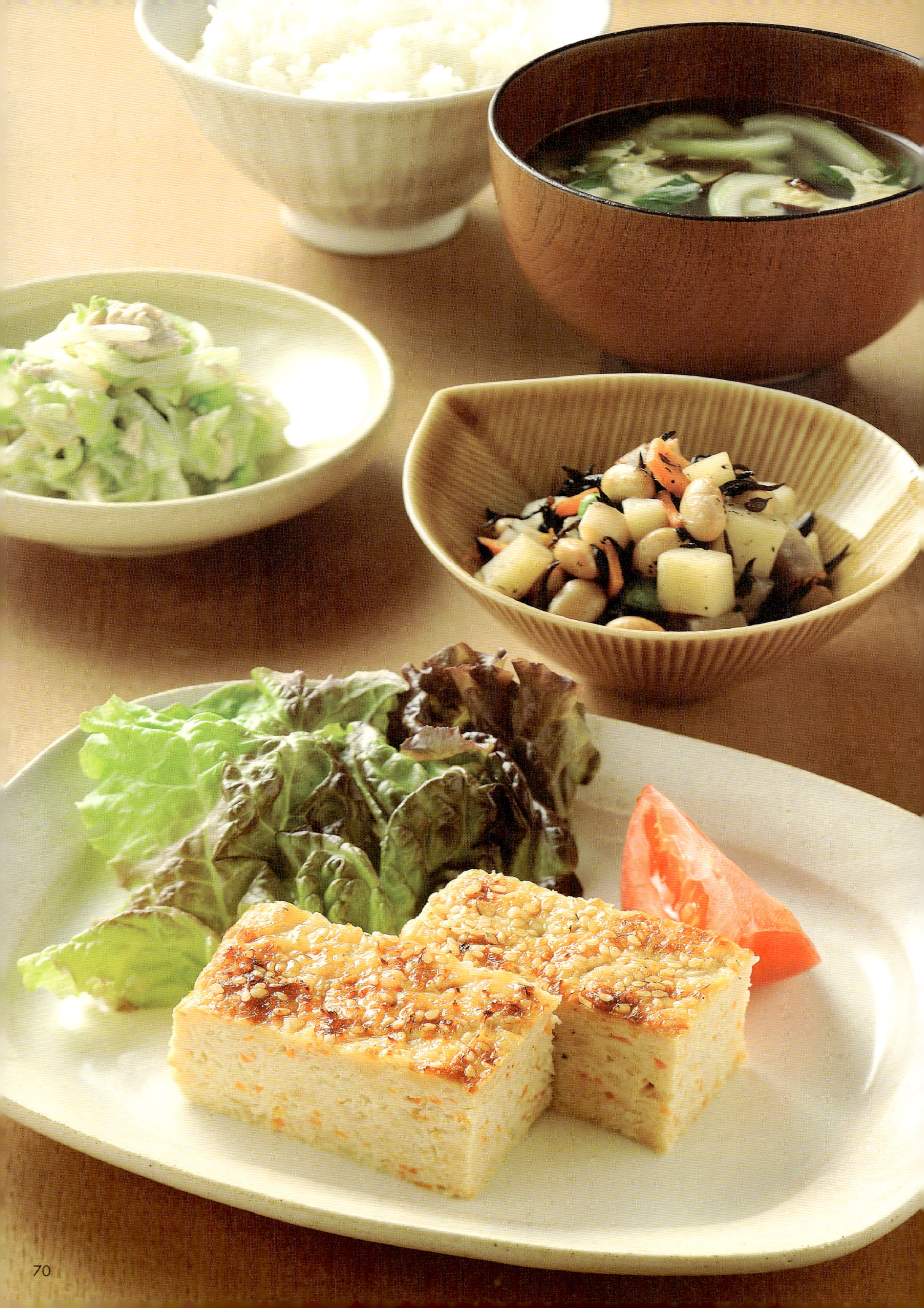

味噌とごまの香りで食欲をそそる松風焼き。
前日に作って、味をなじませておくとおいしさが増します。

> 総エネルギー
> **970kcal**
> たんぱく質 45.8g
> 脂質 28.7g
> 塩分 4.5g

08 松風焼き定食

米飯 240g (412kcal)、松風焼き (305kcal)、ツナとキャベツのマヨネーズあえ (90kcal)、
大豆とひじきの煮もの (122kcal)、中華風かきたまスープ (41kcal)

A 松風焼き

ingredients（作りやすい分量・4人分）
鶏ムネひき肉　400g
にんじん　40g
玉ねぎ　120g
A｜おろししょうが　小½　卵　½個
　｜パン粉　40g　味噌　大1⅓
　｜砂糖　大2　塩　小⅓
　｜濃口しょうゆ　小2　赤唐辛子　少々
白炒りごま　適宜
※付け合わせ
　トマト　⅓
　サニーレタス　適宜

recipe
1. にんじん、玉ねぎはみじん切りにする
2. 大きめのボウルに、鶏ひき肉と1とAの材料を全て入れ、手でよくこねる
3. 2を厚みが2～3cm程度になるように15×15cmほどの型に入れ、上から白炒りごまを全体に振る
4. 200℃のオーブンで18分ほど、色よく焼きあげる
5. オーブンから天板ごと出し冷まし、余熱をとってから食べやすい大きさに切り分ける
6. ¼量を器に盛り、付け合わせ野菜を添える

★ ひき肉は、粘りが出るぐらいよくこねます。

B ツナとキャベツのマヨネーズあえ

ingredients
キャベツ　80g
もやし　30g
ツナ　24g
マヨネーズ　大1⅔
こしょう　少々

recipe
1. キャベツは短冊に切りゆで、もやしもゆでておく
2. ボウルに1とツナを入れ、マヨネーズであえ、こしょうを振る

C 大豆とひじきの煮もの

ingredients
にんじん　20g(1cm角の色紙切り)
干ししいたけ　小½枚(水でもどして角切り)
たけのこ　20g(水煮・1.5cm角切り)
こんにゃく　20g(1cm角切り)
ひじき　4g(乾燥・水でもどす)
じゃがいも　40g(1.5cm角切り)
大豆　約50g(水煮、ドライパック)
油　小1
だし汁　適量
A｜砂糖　小1強　しょうゆ　小2　みりん　小⅔
さつま揚げ　40g(1cm角切り)
グリーンピース　10g(水煮)

recipe
1. 鍋に油を入れ熱し、にんじん、しいたけ、たけのこを炒め、火が通ったらこんにゃく、ひじき、じゃがいも、大豆を入れ炒め合わせる
2. 1にだし汁をひたひたに注ぎ、Aで味付けをして、さつま揚げを入れてしばらく煮込む
3. 材料がよく煮えたら、グリーンピースを加え、ひと煮たちさせる

★ 食品数も多く、良質なたんぱく質や鉄分がたっぷり摂れます。

D 中華風かきたまスープ

ingredients
卵　⅔個　青梗菜　40g(ゆでる)
きくらげ　1g(水でもどす)
鶏がらスープ　2カップ　水溶き片栗粉　適量
A｜塩　小¼　しょうゆ　小2　酒　小1
ごま油　小½

recipe
1. 鍋に鶏がらスープを入れ、千切りにしたきくらげを入れて煮る
2. Aで調味し、水溶き片栗粉でとろみをつける
3. 2に食べやすい大きさに切った青梗菜を入れ煮たったら、溶き卵を流し入れふわっと浮き上がったら火を止める
4. 最後にごま油を入れ、香りよく仕上げる

★ しっかり沸騰したスープの中に溶き卵を入れるのが、きれいに仕上げるコツです。

600kcal～700kcalにする場合
松風焼きを⅔～½ほどに減らし、ご飯を軽く1杯にすれば300kcal以上マイナスに。あえもののマヨネーズを同量のポン酢あえにすると、かなりのカロリーダウンです。

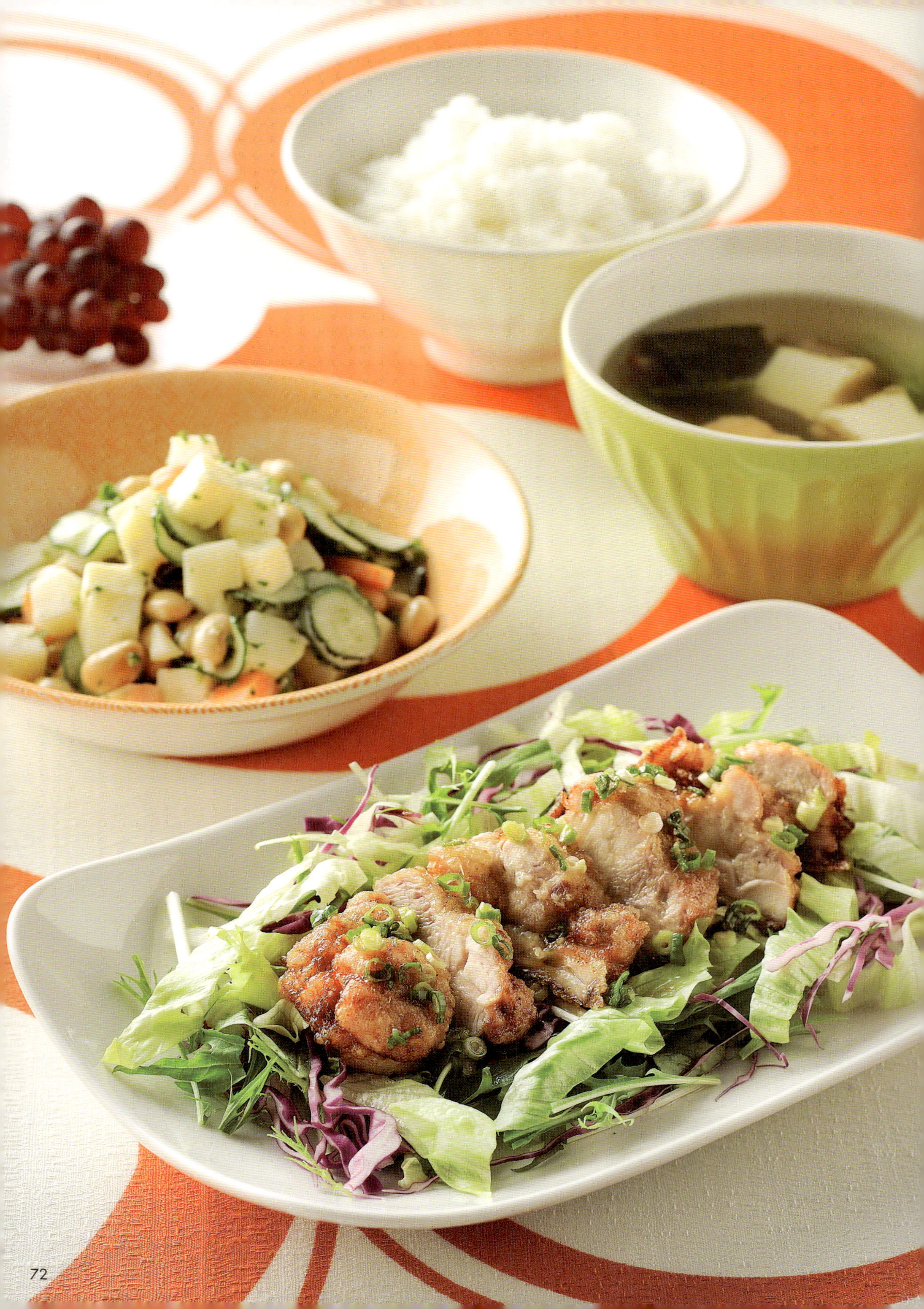

油淋鶏は鶏を丸ごと一羽使う中国料理のアレンジ。
ピリ辛でさっぱり食べられ、世代を問わず人気です。

総エネルギー
1196kcal
たんぱく質　35.5g
脂質　51.6g
塩分　4.8g

09 油淋鶏定食（ユーリンチー）

米飯 240g (412kcal)、油淋鶏 (482kcal)、プロテインサラダ (223kcal)、
小松菜と厚揚げのスープ (49kcal)、フルーツ〔ぶどう〕約⅓房 (30kcal)

A 油淋鶏

ingredients
鶏もも肉　200g (100g×2枚)
A｜おろししょうが　小½
　｜濃口しょうゆ　小1⅔　　酒　小1
卵　⅙個
片栗粉　大2強
水　20ml
揚げ油　適量
万能ねぎ　1〜2本（小口切り）

ピリ辛ダレ　大2½ (54p参照)

※付け合わせ
　レタス　適宜（ざく切り）
　水菜　適宜（5cm長さに切る）
　紫キャベツ　適量（千切り）

recipe
1. 鶏肉を平らに広げ、Aに20分ほどつけ込む
2. ボウルに卵と片栗粉、水を合わせて衣を作り、1の水気を取ってからめる。170℃に熱した油で揚げる
3. 器に付け合わせ野菜を盛り、その上に、食べやすく切った2の鶏をのせ、ピリ辛ダレに万能ねぎを混ぜてかける

★ たっぷりの野菜といっしょに食べられるように、野菜は食べやすくカットして盛りつけます。

B プロテインサラダ

ingredients
大豆　60g（水煮、またはドライパック）
じゃがいも　130g
にんじん　20g
きゅうり　60g
パセリ　2g
干しぶどう　4g
プロセスチーズ　20g
マヨネーズ　大2
塩　少々
こしょう　少々

recipe
1. じゃがいもは角切り、にんじんはいちょう切りにして、それぞれゆでる
2. きゅうりは薄い輪切りにし、パセリはみじん切りにする
3. 干しぶどうは湯をかけてふやかし、水気を切っておく
4. ボウルに1〜3と大豆、角切りにしたプロセスチーズを入れ、マヨネーズであえ、塩、こしょうで味を調える

★ 大豆は良質なたんぱく質が摂れ、栄養バランスも抜群。水煮は熱湯でゆでこぼすと水っぽさがとれて味がよくなじみ食べやすくなります。

C 小松菜と厚揚げのスープ

ingredients
厚揚げ　30g
緑豆春雨　10g
小松菜　40g
干ししいたけ　小½枚（水でもどして薄切り）
だし汁　2カップ
A｜塩　小⅕　　しょうゆ　大1⅕　　酒　小1

recipe
1. 厚揚げはひと口大に切り、春雨はぬるま湯でもどし食べやすく切る
2. 小松菜はゆでて食べやすい大きさに切る
3. 鍋にだし汁を入れ、厚揚げ、しいたけを入れ煮る
4. 煮たってきたらAで調味し、春雨、小松菜を入れる

600kcal〜700kcalにする場合
高カロリーになりがちな揚げものには、皮なしの鶏ムネ肉を。分量は⅔程度にして。ご飯は軽めにしてフルーツは抜く。副菜で大豆の植物性たんぱく質が充分摂れます。

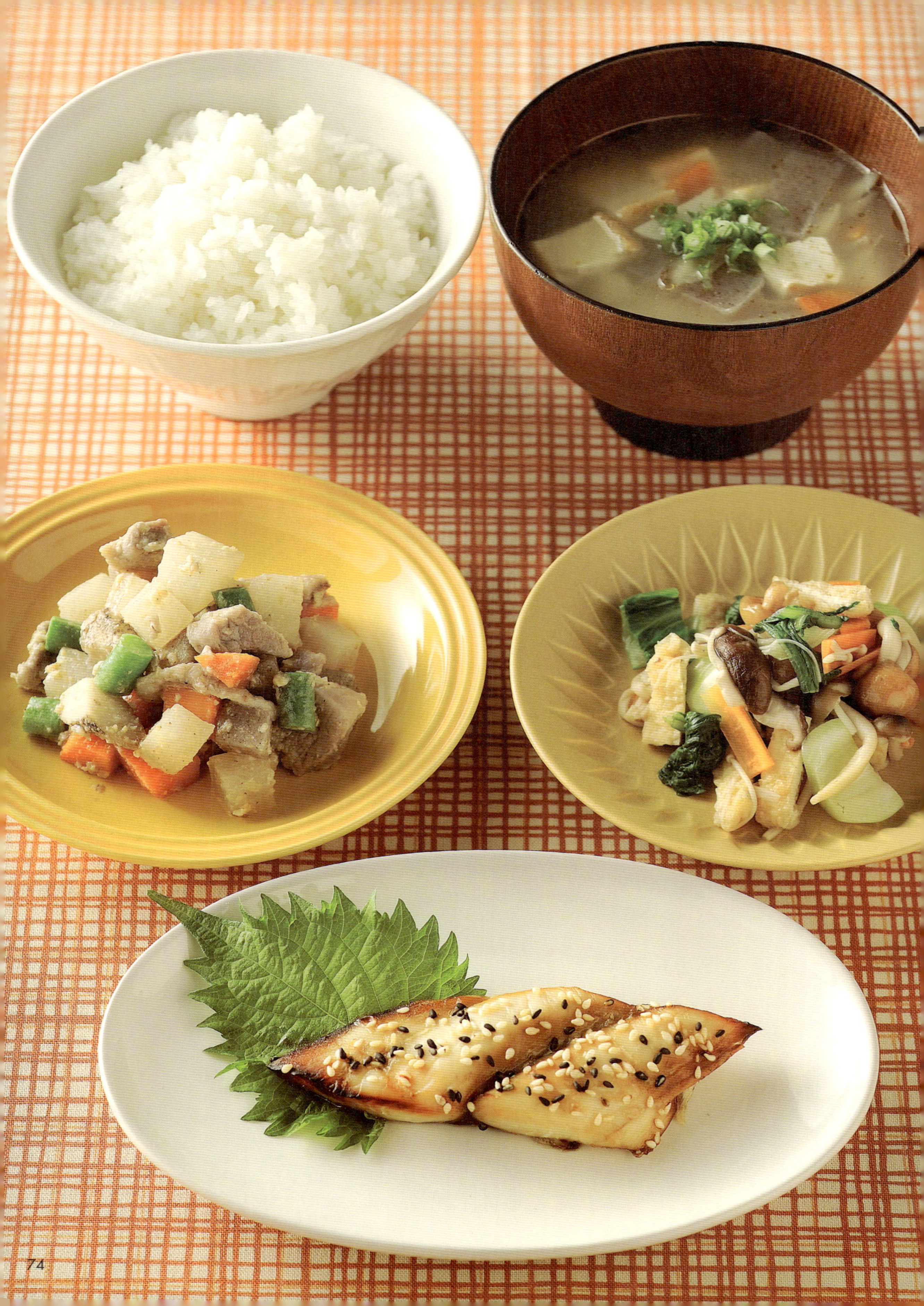

大人にもおすすめの低カロリーな魚料理です。
ごま味噌煮は、ごまのコクと風味でおいしさアップ。

総エネルギー
897kcal
たんぱく質　38.1g
脂質　　　　27.3g
塩分　　　　4.8g

10 魚の南部焼き定食

米飯 240g (412kcal)、魚の南部焼き (182kcal)、鶏肉とごぼうとこんにゃくのごま味噌煮 (174kcal)、青菜ときのこのあえもの (39kcal)、けんちん汁 (90kcal)

A 魚の南部焼き

ingredients
魚の切り身(サワラ)　160g(80g×2枚)
A｜濃口しょうゆ　小2/3
　｜薄口しょうゆ　小1 1/3　　みりん　小1
白炒りごま　黒炒りごま　(両方合わせて)小2
青じそ　適宜

recipe
1 バットにAを合わせ、魚に味がしみ込むように30分ほどつけ込む
2 1に白ごまと黒ごまをパラパラと散らし、魚焼きグリルで両面を色よく焼く
3 器に盛り青じそを添える

★ 魚はタラやサバなどでも可。ごまは好みで、魚を覆うように多めに振れば、香ばしさも増します。

B 鶏肉とごぼうとこんにゃくのごま味噌煮

ingredients
鶏もも肉　60g(1cm角切り)
ごぼう　40g(乱切り)
こんにゃく　40g(1cm角切り)
にんじん　40g(1cm角切り)
大根　100g(1cm角切り)
いんげん　20g(1cm長さに切る)
油　小1　　だし汁　25mℓ
A｜砂糖　小2　　味噌　大1
　｜しょうゆ　小1 1/2　　酒　小1
白すりごま　6g

recipe
1 鍋に油を入れ熱し、鶏肉を炒める
2 1にごぼう、こんにゃく、にんじん、大根、いんげんを入れ炒め合わせ、だし汁とAを加え、フタをして煮る
3 材料が煮えたら白すりごまも加え、ひと煮たちしたら、火からおろし、器に盛る

★ 仕上げに入れるごまは香りの高いすりごまを。

C 青菜ときのこのあえもの

ingredients
青梗菜　1/2株
A｜だし汁　20mℓ　　濃口しょうゆ　小1
　｜みりん　小1/2
生しいたけ　10g(薄切り)
しめじ　10g(小房に分ける)
えのきだけ　10g(半分に切る)
なめこ　10g
油揚げ　12g(短冊切り)
にんじん　10g(短冊切り)
しょうゆ　小1/3

recipe
1 青梗菜はゆでて食べやすい大きさに切る
2 鍋にAを入れ火にかけ、きのこ類と油揚げ、にんじんを煮て冷ましておく
3 1と2を合わせて、しょうゆで味を調える

D けんちん汁

ingredients
ごぼう　20g
にんじん　20g
里いも　60g
こんにゃく　20g
厚揚げ　20g
木綿豆腐　60g(水気を切っておく)
ごま油　少々
だし汁　2カップ　　塩　小1/5　　しょうゆ　小2
万能ねぎ　5g(小口切り)

recipe
1 ごぼうはささがきにして水にさらし、水気を切る。にんじんはいちょう切りにし、里いも、こんにゃく、厚揚げ、豆腐は食べやすい大きさに切る
2 鍋にごま油を入れ熱し、1の材料を入れて炒める
3 全体に油がまわったら、だし汁を入れ煮たたせ、塩としょうゆで調味する
4 3の野菜がやわらかくなったら、万能ねぎを入れさっと煮て火を止める

★ 素材の味を生かすため、薄味に仕上げています。

600kcal～700kcalにする場合
副菜のごま味噌煮は、鶏肉をささみに変えて脂肪をカット。汁ものにも使う根菜の繊維質は、体内をきれいにしてくれるのでしっかり摂って。ご飯は茶碗軽く1杯に。

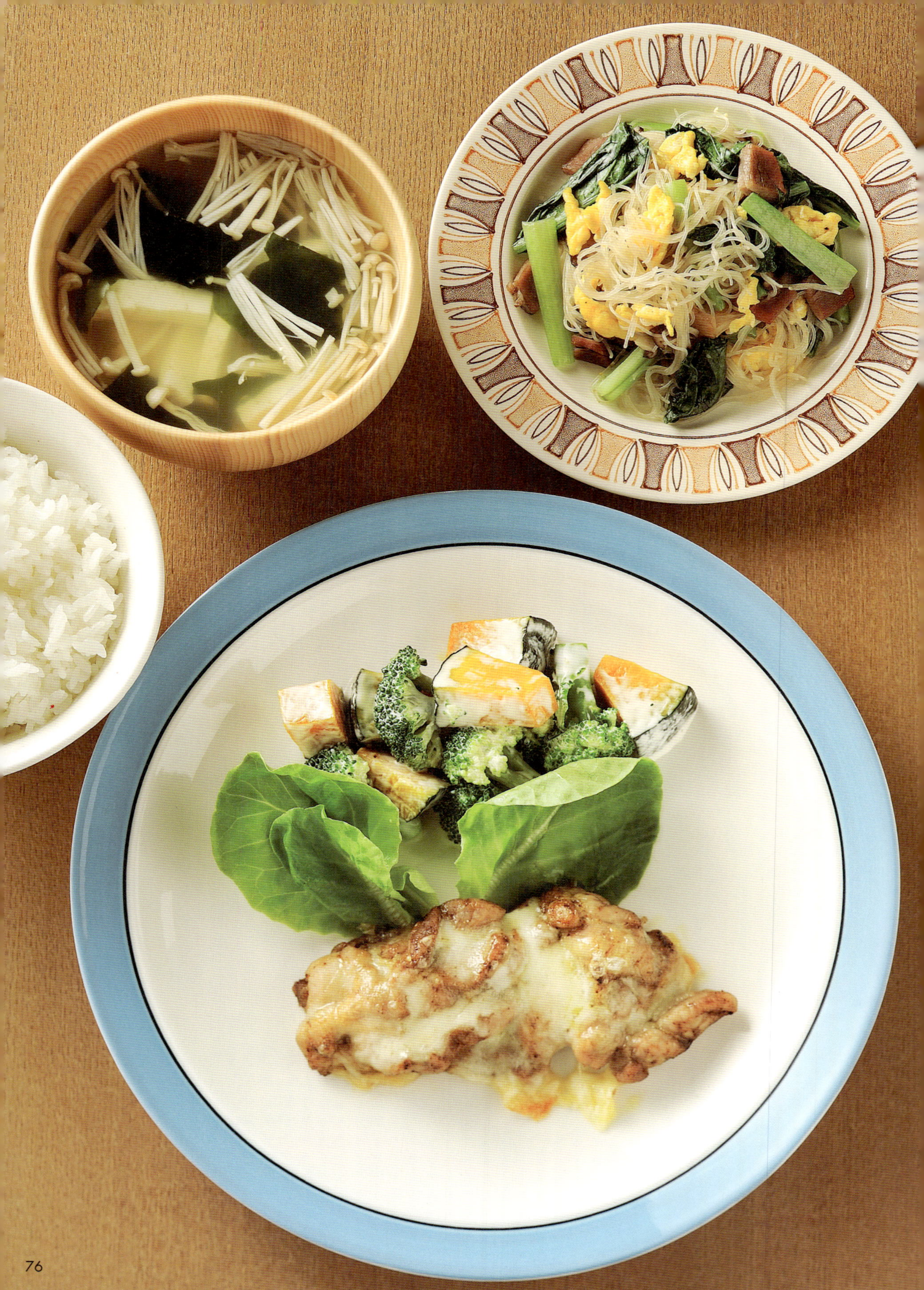

香辛料をきかせたちょっと大人味の鶏肉料理。
チーズをのせて焼くことでボリュームがアップします。

総エネルギー
1141kcal
たんぱく質 46.9g
脂質 47.1g
塩分 4.8g

11 スパイシーチキン定食

米飯 240g (412kcal)、スパイシーチキン (369kcal)、ブロッコリーとかぼちゃのサラダ (142kcal)、小松菜と卵の炒め合わせ (171kcal)、えのきのすまし汁 (47kcal)

A スパイシーチキン

ingredients
鶏もも肉　220g (110g×2枚)
A｜塩　小⅓　　こしょう　少々
　｜おろしにんにく　小½　チリパウダー　少々
　｜カレー粉　0.6g　　白ワイン　少々
ピザ用チーズ　24g
※付け合わせ　サラダ菜　適宜

recipe
1. バットにAを入れ混ぜ合わせ、鶏もも肉を20分ほどつけ込む
2. 1を200℃のオーブンで17分ほど焼き、肉に火が通ったらオーブンから出し、ピザ用チーズをのせ、もう一度オーブンに入れる
3. チーズがほどよく溶けたら、器に盛り、付け合わせ野菜とブロッコリーとかぼちゃのサラダを添える

★ チーズを焼き過ぎないように注意して。

B ブロッコリーとかぼちゃのサラダ

ingredients
ブロッコリー　70g
かぼちゃ　80g
マヨネーズ　大1⅔
ヨーグルト(プレーン)　12g
塩　少々

recipe
1. ブロッコリーは小房に分けてゆでる
2. かぼちゃは角切りにし、蒸す
　※耐熱容器に入れてラップをして、電子レンジ(600W)で1分10秒ほど加熱してもよい
3. ボウルにマヨネーズとヨーグルトを入れ混ぜ、1と2をあえて塩で味を調える

★ 野菜からビタミンAがたっぷり摂れ、抗酸化作用の働きが期待できます。

C 小松菜と卵の炒め合わせ

ingredients
ビーフン　16g
卵　1個
小松菜　½束
油　適宜
焼豚　40g (角切り)
生しいたけ　30g (薄切り)
A｜塩　少々　　こしょう　少々
　｜酒　小2　　オイスターソース　小⅔

recipe
1. ビーフンは水でもどして食べやすい長さに切る
2. 卵は割りほぐし、フライパンに油少々を薄くひき、炒り卵を作る
3. 鍋に油小1を入れて熱し、焼豚、生しいたけを炒め、Aで味付けする
4. 3にビーフンと炒り卵、3cmに切った小松菜を入れ、炒め合わせる

D えのきのすまし汁

ingredients
木綿豆腐　60g (ひと口大に切る)
えのきだけ　20g (半分に切る)
カットわかめ　1g (水でもどす)
だし汁　2カップ
A｜塩　小⅙　　濃口しょうゆ　小2
　｜酒　小1

recipe
1. 鍋にだし汁を入れ煮たたせ、Aで味付けする
2. 豆腐、えのきを加え煮て、全体に火が通ったらわかめを入れる

★ だしが決め手ですから、時間がある時は、かつおや昆布で好みのだしをとりましょう。

600kcal～700kcalにする場合
主菜の鶏肉は、ムネ肉約80gにして皮を除き、チーズも半量に。小松菜と卵の炒め合わせは、ビーフン(炭水化物)を摂り過ぎないよう半量に、ご飯も100gほどにして。

78

蒸し焼きにしたサケはやわらかくなり、
野菜のうまみがしみ込みおいしさが増す一品です。

総エネルギー
915kcal
たんぱく質　40.3g
脂質　　　　21.0g
塩分　　　　5.7g

12　サケのホイル焼き定食

米飯 240g（412kcal）、サケのホイル焼き（148kcal）、ポテトのごま煮（241kcal）、
きゅうりと竹輪の味噌マヨネーズあえ（78kcal）、小松菜のスープ（36kcal）

A　サケのホイル焼き

ingredients

サケ　160g（80g×2枚）
えのきだけ　20g
しめじ　20g（小房に分ける）
絹さや　10g
生しいたけ　20g（薄切り）
にんじん　10g（千切り）
ぎんなん　10g
A｜塩 小1/3　しょうゆ 小1
　｜酒 大1　みりん 小2/3

recipe

1　えのきだけは半分に切ってほぐし、絹さやはゆでて半分に切る
2　ボウルにAを入れ合わせ、1とその他の野菜も全て入れ混ぜる
3　サケをアルミホイルに置き2をのせて包む
4　190℃のオーブンで15分ほど焼き、そのまま器に盛る

B　ポテトのごま煮

ingredients

鶏もも肉　80g（1.5cm角）
にんじん　40g（1cm角切り）
じゃがいも　160g（乱切り）
油　小1
だし汁　適宜
A｜砂糖 小1　しょうゆ 小2
　｜みりん 小1
白すりごま　小2 2/3
いんげん　20g

recipe

1　鍋に油を入れ熱し、鶏肉を炒め色が変わったら、にんじん、じゃがいもを入れ炒める
2　1の材料がかぶるくらいにだし汁を入れて煮て、Aで調味する
3　野菜が煮えたら、白すりごま、ゆでて食べやすい大きさに切ったいんげんを入れ、ひと煮たちさせ火を止める

★ 炒めた鶏肉が、こくのあるうまみを引き出します。新じゃがで作るとよりおいしい。

C　きゅうりと竹輪の味噌マヨネーズあえ

ingredients

竹輪　30g
きゅうり　40g
カットわかめ　1g
A｜味噌 小1　マヨネーズ 大1
　｜からし 少々（練りからし可）

recipe

1　竹輪、きゅうりとも薄い輪切りにし、わかめは水でもどしておく
2　ボウルにAを入れ混ぜ合わせ、1をあえる

★ 味噌マヨネーズは、色々な食材に合う便利な和風ドレッシング。少々のからしがアクセントです。

D　小松菜のスープ

ingredients

小松菜　1/4束
緑豆春雨　10g
にんじん　20g（いちょう切り）
たけのこ　20g（水煮・千切り）
水　2カップ
顆粒スープの素　4g
A｜塩 少々　しょうゆ 小2　酒 小1

recipe

1　小松菜は熱湯で色よくゆでて、春雨はぬるま湯でもどし、それぞれ食べやすい長さに切る
2　鍋に水を入れ煮たたせ、顆粒スープの素を加える
3　にんじん、たけのこを入れ煮て、Aで調味する
4　3に小松菜、春雨を加えさっと煮る

★ 春雨は煮過ぎないよう、食感を残します。

600kcal〜700kcalにする場合　主菜のホイル焼きは低カロリーなので、副菜とご飯でカロリー調整を。ごま煮で使う鶏肉は、脂肪分がほとんどないささみにして。ご飯は、茶碗軽く1杯程度に。

卒業生は語る 1

Ishii Lasalle

1955年、大阪市出身。早大仏文科在学中に、渡辺正行、小宮孝泰とコント赤信号を結成。現在は、お笑いの枠を超え、俳優、司会、脚本、演出のほか、クイズ番組の常連としても、その多才を知られる。

ラサール石井 さん

大阪の有名進学塾「入江塾」に住み込みして、猛勉強。難関・灘高校を受験するも失敗。失意の15歳・石井少年は、第2志望であるラ・サール高校受験のため、寝台列車に乗り込み、はるか鹿児島を目指したのです。今から41年前の春のことでした。

> ラ・サールは私にとって勉強と人間のテーマパークだった。

自習室とベッドだけの寮生活

　入江塾の同級生12人でラ・サールを受けて、5人が合格したんですよ。校舎から、青空とものすごく大きな桜島が見えてね。あ〜、いいところへやって来たなァって。当時、ボクは北杜夫の『どくとるマンボウ青春記』が好きで、旧制高校の世界に憧れてたから、寮生活を始めるのが、とにかく嬉しかった。

　寮に入って、驚きましたよ。だって1年生って、部屋がふたつしかないんです。ひとつは、自習室。机と椅子が108個、つまり1年生の寮生ぶん並んでるんです。で、廊下を隔てたもうひとつの部屋には、2段ベッドが、これまた、54個並んでる。コレだけですから。つまり寮では、寝るか、勉強するか。ワレワレの選択肢は、コレだけしかなかったんです。

　地元の連中には負けたくなかったですからね。大阪から来たってことで舐められたくなかった。だから、気合いを入れるために、仲間全員で頭を五厘刈りにそろえてみました。蛍光灯が頭に反射して、ピッカピカに光ってましたね、ハハハ。

　朝5時半に起きて、自習開始ですよ。それだけ、きばってやりましたからね。高1のはじめてのテストで、学年で7番の成績をとったんです。

　今思えば、アレがまずかったんですね。つまり、「あ〜もうオレだいじょうぶだ」って、どっかで思っちゃったんでしょうね。それから、全然勉強をやらなくなった。五厘刈りにした頭だって、いつの間にやら肩までの長髪になっちゃって…。

本気でぶつかった体育祭

　学校行事でいちばん盛り上がるのが、体育祭なんです。地元・鹿児島チームと外様っていうんですか、よそから入った生徒が赤・白に分かれ、そりゃ〜もう本気の本気、ガチンコでやり合うんです。ホント、死人が出るんじゃないかって勢いですから。なぜかボクは、1年生で仮装行列の司会を任されて、張り切ってましたよ。その頃から目立ちたがりが目覚めてたんでしょうね。源平の合戦をテーマに仮装行列をやるっていうんで、裏山から大量の竹を刈ってきて、ボール紙で100人ぶんの鎧をつくったりして…。それはもう、めちゃめちゃマジで盛り上がりました。

　圧巻は、なんといっても棒倒しなんです。ワレワレは、事前にラグビー部や柔道部の猛者を選抜してしっかりガードを築くと、体操部のいちばん身軽なヤツを、敵陣へぴょ〜〜んと飛ばせる練習をして、たったの5秒で倒しました。作戦勝ちですよ、ハハハ。

　え？　寮めしですか？　なんでも食べましたね、出されたものはなんだって食べました。ええ、残さずたいらげてました。おいしかったのかなぁ？　食堂へ行くと、納豆が鉢に山のように盛ってあるんです。これが関西人には、ちょっと異様な光景でね。この頃はまだ納豆NGでしたからね。そういえば、男ばかりの学園に、おばさんばかりの食堂じゃないですか？　ところが、ひとりだけ若い女性の栄養士さんがいて、みんなが彼女に憧れちゃって、見に行ったり…。顔中にニキビがいっぱいのかわいい人だったなァ。

自己責任の向こうに見えた世界

　高校2年に上がると、個室をもらえるんです。消灯は12時、バチンと消える。昼間、勉強してないヤツは、よく隠れてベッドで懐中電灯つけて勉強してました。なんたって、2年になると、毎週テストがあるんですよ。各教科7コマ、毎週テストがあるんです。学校から、本や参考書を渡されて「勝手にやってろ」ってカンジです。で、テストでたとえ点数が悪くたって、なにも怒られない。そう、自己責任なんです。やってもやらなくても、できてもできなくても、全部が自分に跳ね返って来るんだから、好きにしなさい。これって、キビシイ十字架ですよね。自由には責任がつきまとう。高校生活を通して、そんなことを教えられました。

　青島幸男に憧れてたボクは、なんか漠然とものを書きになりたいな、なんて思い始めてました。福岡の女子と文通したりして、淡い恋みたいなドキドキもありました。ギターを手に入れてからは、折からのフォークブームに乗って、地元のミュージック・フェスティバルでトリをとって、「ラ・サールの三上寛」なんて呼ばれて、その気になったりもしましたね。

　いっぽうで筒井康隆の作品にハマり、三木のり平さんやコント55号にも刺激を受けて、だんだんとお笑いや喜劇作家の道も考え始めてました。その頃には、ただ目立ちたいってことを通り越して、青島さんのように多角的な人間になりたいって夢見るようになっていました。寮や学校、先生や仲間に揉まれて、成長したんですかね？

　今でも、よく同級生に会いますよ。そりゃ、医者や政治家や役人、大学教授なんて当たり前です。特捜の検事や判事、弁護士もいますし、被告だってふたりいますからね。同級生だけで裁判ができる。コレ、ホントの話ですよ。

フォークブームに入れあげていた頃。成績は、260人中243番。「それでも東大を受けさせてくれたんです。スゴイ学校ですよ！」

卒業生は語る 2

東京大学医学部
亀谷航平さん
×
東京大学医学部
中島崇博さん

Kohei Kamegai（左）
1991年5月24日、愛知県生まれ。A型。好物＝基本、高カロリー食（牛丼、カレー、カツ丼）。趣味＝ゴルフ、海釣り。自分で釣った魚をさばいて食べるのが趣味であり好物でもある。

Takahiro Nakajima（右）
1992年1月24日、千葉県生まれ。A型。好物＝肉系全般（中でも焼肉を溺愛）、あん肝。趣味＝ゴルフ、ゲーム。部活のゴルフは少々、ゲームにはどっぷりハマってる今日このごろ。

寮めしとクイズ王の相関関係って？

在学中にTV『全国高等学校クイズ選手権』で準優勝し、一躍、ラ・サールの名を全国に轟かせたふたり。卒業後は、そろって東大医学部へ進学。クイズ・ファンの間では「天才」とも呼ばれ、驚異の知力を誇るスーパー頭脳の持ち主だ。だれもが羨むその〝脳力〟と、寮めしの関係って？

チキン系とカップ麺が頭脳食?

——寮めしで好きだったメニューは、なんですか?

亀谷 "チキン"と名のついたものが好きでしたね。チキンソテーとか、チキンの香草焼きとか、チキン南蛮のタルタルソースかけ、とか。

中島 チキン系、イケてました。基本、プレートものはおかわりできないんですけど、ご飯とお味噌汁はおかわり自由だったんで、炊き込みご飯の時なんか、食堂のジャーが空っぽになることもしばしば…。

亀谷 炊き込みご飯だけ食ってるヤツとか、いたわ。

中島 あとは麺類も人気あって、ミートソース・スパゲッティとか、定番ものも強かった。

亀谷 ミートソース・スパゲッティの時は、朝からリュックにパルメザンチーズを忍ばせて登校して、一心不乱にかけて食ってたもん、オレ。

中島 ボクは生卵なんかを持ち込んでました。卵かけご飯つくるんですよ。あとは、ふりかけ。できるだけいっぱい白米を食べられるように、と(笑)。

亀谷 なんせ中高の育ち盛りの男子なんで、おかわりは必至でしたし、オレなんか食うほうだから、友だちのおかずを強奪してた。「ちょ、ちょっ、これちょうだい」つって。生きなきゃいけないんで(笑)。

中島 生卵とふりかけは必需品でしたね。生きるために(笑)。あと、カップラーメン…うまかったなぁ。

亀谷 あ、カップ麺いくかー。カップ麺語るなら、2時間は欲しいんですけど(本気)。

中島 寮できっちりご飯食べたあと、毎日、義務自習(という予習復習等の学習時間)が1時間半×2あるんです。前後半の間、30分の休みがあって、そこで食べちゃうんですよね、カップ麺。

亀谷 なぜか腹が減るんですよー。さっき夕食食ったばっかなのに。この休憩30分間に食うカップ麺が、むちゃくちゃうまいんですよ。

中島 ここでたぶん一生分のカップ麺を食べました。

亀谷 だから大学に行ってからは絶対にカップ麺は食わないって、オレは誓いましたね。

中島 ボクは今でもカップ麺食べてます(笑)。

「知らないことがあるのがイヤだ」

——クイズ研究会では、どんな活動をされていたんですか?

亀谷 部員は全学年を入れると40人くらいいたと思いますけど、来ないヤツもいるので、通常の部活は、20人くらいでやってました。活動内容は、ボタンの早押し練習とか、クイズ問題の作成とか、予想とか…。

中島 既製の問題集もあるんですけど、本屋では売ってないんですよ。クイズ関係者がつくった独自の問題

クイズ研時代の亀谷さん(左)と中島さん(中)、もうひとりの番組出場メンバー井上さん。怒涛の知力×3で見事、準優勝しました。

集なので、手に入れるのにコネクションも必要になってくるんです。だから、いろいろなクイズ大会に参加して、情報や問題集を入手したりしました。

亀谷 早押しなんて反射神経ですからね。けっこうスポーツ的な要素もあるんです。瞬発力と俊敏性。

中島 たとえ答えがわかっていても解答権が得られなかったら、まったく意味がないからね。

亀谷 早押しって、基本、押してから考えるんです。多分に賭け的要素もある。高校生クイズ(『全国高等学校クイズ選手権』)は3人ひと組なんで、「ま、だれかわかるだろう」って押すんですよ。でもたまに「わかる?」「え、オレわかんない」「オレも」「…ゲッ、やっちゃった!」ってこともあったりして(笑)。

中島 そうそう、高校生クイズの決勝の時に自分でつくったことのある問題が出たんですよ。ざっくりいうと、「宇宙に生物がどれだけいるのかっていうのを導き出す方程式の名前」だったんですけど。

亀谷 「そんなことを知っててもなんの役にも立たない」っていう人が、ほとんどだと思うんです。実際、そうだろうし。でもなにに役立つかなんてどうでもよくて、ただそんな方程式があるんだ、面白い! 知りたい! って思う人間の集まりなんです、クイズ研って。

中島 知らないことがあるのがイヤだ、みたいな。

亀谷 だから、本を読んでても長めのカタカナ単語なんか出てくると、「お!」なんて反応しちゃうし。

中島 突然、こいつから夜中にメールが来て、開くとクイズの問題が書いてあったり。病気だよな(笑)。

亀谷 病気といわれたら、もはや嬉しいけどね(笑)。ラ・サール生って、とんがってるヤツが多いんですよ。なんにもない鹿児島に連れて来られて「さぁここで自己責任の下に生きろ」といわれ、そこでなんか面白いことをやらないと、クソつまんない学生生活になっちゃうんです。だから、なにもないところから、面白いことをやることには、長けてるんです。実は、すっごく泥臭いんですよ、ラ・サール生って。

中島 だから「裸の猿」と書いて、ラ・サール…!

亀谷 やっぱそれ、思いっ切りしっくり来る(笑)!

〝寮めし〟を支える栄養士
原口めぐみさんにお尋ねします。

成長期で食べざかりの寮生約600名。日々彼らの胃袋を満たす〝寮めし〟は、
健康、栄養面でも考え尽くされた特別な食事です。
献立作りや調理、生徒の反応について、栄養士の原口めぐみさんにうかがいました。

Q1　1年365日、寮食の献立作りや調理での悩みや苦労は？

　世間一般的なことでしょうが、やはり野菜嫌いの生徒が多いので、いかに種類を多く食べてもらうか、いつも頭を悩ませています。また、できるだけ手作りを心がけているのですが、1回に約600食を作る大量調理のため、どうしても一部は加工品や市販品を使うことになります。その場合は、使用されている材料の産地や栄養素量、安全性のチェックをして、試食をして選別します。

　また、温かい料理が冷めてしまうのも悩みでしたが、改築後の新しい寮食堂では、温蔵庫の導入などで、この点はだいぶ改善される予定です。

Q2　寮めしの献立について、生徒たちの反応はどうですか？

　寮の食事は地産地消、鹿児島特有の調味料や材料を基本としているので、県外から入寮したばかりの生徒には多少戸惑いもあるようです。しょうゆひとつにしても地元のものは甘めですが、食欲の方が勝るのか、それにも段々慣れていくようです。

Q3　生徒たちに人気の寮めしは、どんな献立ですか？

　麺類が断然人気です。担担麺、肉うどん、コーンしょうゆラーメンの完食率が高く、あとは鶏肉料理。毎回、鶏の辛み揚げやフライドチキン、チキン南蛮タルタルソースかけなど人気メニューの時は、生徒たちが先を争うように食堂へかけこんできてきれいに食べます。逆に、野菜料理や魚料理は見事にスルー、丸ごと残す生徒も多いのです。

あっという間に完食！

Q4　食品アレルギーのある生徒も多いと思いますが、その対応は？

　最近はアレルゲンの種類も多岐にわたり、エビやカニ、貝類をはじめ、そばや山いも、イカやタコ。さらに、ごま、ピーナッツ、フルーツなどもあります。入寮の際に自己申告してもらい、寮食では、原因となる食品を除去した別メニューを作って対応しています。寮生は基本的に、昼食も寮の食堂で摂ることになっていて、3食とも個々への対応が可能です。

食堂では座席が決まっていて、アレルギーのある生徒には、除去食が別途用意される。

原口めぐみさん

鹿児島県出身。鹿児島純心女子短期大学・生活学科食物栄養専攻科卒業。08年4月よりラ・サール学園寮の専任栄養士に。普段はおっとり優しい先生も、寮食堂に入るとキリリッ。生徒たちの食べ残しをチェック！

Q5 寮生たちの間食について、なにか指導をしていますか？

直接的な指導は特にしていません。寮の3食をきちんと食べていれば、それほど間食に走ることはないでしょうが、運動量の多い生徒は、寮でラーメンやカップ麺を食べているようです。色々な嗜好品も気軽に入手でき、好みの物ばかりに偏るのは心配ですが、この年代に間食全てを禁止するのは無理なことでしょう。寮生活では、自分の健康は自分で守るという、健康面での自己管理も必要になってきます。

Q6 寮の食事は、専門のスタッフの方が作られているのですか？

そうです。現在厨房スタッフは16名で、早朝シフトの人は午前4時に出勤して、1日分の米180kgを炊く準備から始めます。6時30分には配膳スタッフが加わり、7時30分の朝食開始までに全ての配膳を完了。8時には、朝食の後片付けをして、昼食、夕食用の揚げものや焼きものの下準備や調理を始めます。朝食、昼食の食事時間は30分で、授業との兼ね合いもあるので、食事開始時刻に遅れるわけにはいきません。しかも、昼食、夕食の配膳時間は朝食以上にかかるので、スタッフの連携がより大切になります。

試食して安心！ 納得！ 保護者の声あれこれ

我が子はどんな食事をしているの？ 毎年行われる保護者の試食会に寄せられた保護者の方々の感想をご紹介します。

●米飯、あおさ汁、魚の南部焼き、花咲きイカしゅうまい、鶏のうま煮、フルーツ

「大変おいしくいただきました。ご飯のすすむ味付けになっていて良かったです。大人は良いのですが、子供はレタスをそのまま食べるのは食べづらいかもしれません。ドレッシングがかかっていればと思いました」(中1・大分県)「寮食はおいしいと子供に聞いており安心しております。ボリュームもあり、とてもおいしくいただきました」(中1・東京都)「野菜も多く魚料理も手が込んでいておいしかったです。子供たちは"今日の寮食はすごく頑張ってる！"と言っておりますが（笑）。今後ともよろしくお願い致します」(中1・愛知県)「バランス良く味もおいしかったのですが、メインの量が少ないかもしれないと思いました」(中1・福岡県)

●米飯、チキンカツ カレー風味、ブロッコリーとかぼちゃのサラダ、ひじき入り炒り豆腐

「とてもおいしかったです。なにかうちの毎日の献立のヒントになったらいいなと思います。特に栄養面の充実ぶりには自分では真似できないと感服しております」(中2・東京都)「量も充分、味も良かった。いつもありがとうございます」(中1 父・奈良県)

●米飯、白身魚の麻婆あんかけ、マッシュポテト、ガーリックパスタサラダ、フルーツ

「おいしく全部いただきました。フルーツまで出て、家の食事以上です。息子がうらやましいです。薄味なのもいいです」(高2・大分県)「味付けが少し濃い気がしました。野菜が多くて、バランスの良い食事です」(中1・神奈川県)「自分が在校した頃よりずいぶん良くなっているように思います」(中1 父・京都府)「パスタをサラダにするのはアイデアですね」(中2・東京都)「ご飯の盛り方がギュウギュウに押し込み過ぎで、せっかくの白米がもったいないと感じました」(中1・福岡県)「食欲の落ちる時期なので、ピリ辛の麻婆あんかけは良い献立でした」(高1・宮崎県)

毎日の献立作りのヒントになる！
春夏秋冬別 ある1週間の献立表から

	朝食	昼食	夕食
月	米飯　味噌汁 納豆　味付けのり 竹輪のごま煮 しその実わかめ 味の花　漬けもの 牛乳	米飯 豚肉のロールフライ 棒棒鶏 ふりかけ オレンジ	米飯　味噌汁 甘塩ザケ焼き 大根のキムチあえ チンジャオロース
火	ロールパン 鶏とアスパラガスのスープ ロングウインナー 棒チーズ オレンジ 牛乳	米飯 エビカツ 牛肉と炒り卵のソテー	米飯　味噌汁 鶏のごまダレ焼きピリ辛ソテー プロテインサラダ りんご
水	米飯　味噌汁 卵焼き　黒豚味噌 ごぼうサラダ　しそ昆布 小女子 かつお梅	コーンしょうゆラーメン コーヒーサンド お茶プリン 牛乳	米飯　味噌汁 串カツ かぼちゃのはさみ揚げ アサリと豆腐の炒り煮
木	米飯　味噌汁 納豆　味付けのり サケフレーク 小女子　しその実わかめ かつお梅 牛乳	米飯 油淋鶏 玉ねぎと牛肉のすき焼き風煮	米飯　わかめ卵スープ つぼダイの西京焼き ポテトチーズフライ アスパラガスとソーセージのペンネ オレンジ
金	黒糖パン コーンスープクルトン入り チョコソフト 角チーズ ゆで卵　ポテトサラダ バナナ　牛乳	わかめご飯 サーモンタルタルフライ イカリングフライ ひじきゴマネーズ オレンジ	米飯 青菜とえのきのスープ チキンチャップ 豚肉と野菜の味噌炒め
土	米飯　味噌汁 ごぼう天の煮付け　ふりかけ 辛子めんたい高菜　小女子 味の花　かつお梅	カツ丼 タコの酢の物 オレンジ 牛乳	米飯　味噌汁 タラのフリット アスパラガスの明太マヨネーズあえ じゃがいものそぼろ煮
日	米飯　味噌汁 納豆　味付けのり だし巻き卵 しそ昆布　小女子 かつお梅 牛乳	オムライス アサリのチャウダー 野菜サラダ オレンジ	米飯 わかめスープ カレー味ハンバーグ ポテトサラダ 八宝菜

平成23年5月30日(月)～6月5日(日)の献立表より

春 4月～6月は、旬の野菜をたっぷり取り入れてフレッシュな献立に

からだをつくるもと たんぱく質・カルシウム	エネルギーのもと 炭水化物・脂質	からだの調子を整える ビタミン・ミネラル類
麦味噌・木綿豆腐・糸引き納豆 焼き竹輪・かつお節 豚肩ロース肉・プロセスチーズ 牛乳・鶏卵 鶏ささみ・くらげ・油揚げ サケ・牛もも肉	米・強化米・ごま 中ザラ糖・しそわかめ 薄力粉・パン粉 とうもろこし油・砂糖・ごま油 緑豆春雨・里いも 片栗粉	えのきだけ・わかめ・葉ねぎ・味付けのり 真昆布・たくわん漬け・さやいんげん にんじん・キャベツ・トマト・ブロッコリー きゅうり・しょうが・オレンジ・山東菜 サニーレタス・レモン・大根・青ピーマン たけのこ
鶏もも肉・スキムミルク・牛乳 ウインナー・プロセスチーズ 牛もも肉・鶏卵・エビカツ 油揚げ・さつま揚げ・大豆 麦味噌	ロールパン・マカロニ 米・強化米・大豆油 とうもろこし油・ごま じゃがいも・マヨネーズ	グリーンアスパラ・にんじん・玉ねぎ レタス・オレンジ・キャベツ・トマト 紫キャベツ・ブロッコリー・たけのこ水煮 きくらげ・ほうれん草・大根・葉ねぎ わかめ・サニーレタス・青ピーマン 赤ピーマン・パセリ・干しぶどう・きゅうり りんご
麦味噌・厚揚げ・鶏卵・黒豚味噌 かつお節・焼豚 ヨーグルト・牛乳 豚ロース肉・木綿豆腐 アサリ水煮	米・強化米・砂糖 とうもろこし油・マヨネーズ しそ昆布・小女子 蒸し中華麺・ごま油 コーヒーサンド・じゃがいも 薄力粉・パン粉・ごま 中ザラ糖	ぶなしめじ・キャベツ・葉ねぎ・ごぼう にんじん・梅干し・緑豆もやし ほうれん草・きくらげ・スイートコーン缶詰 わかめ・大豆もやし・玉ねぎ・レタス サニーレタス・トマト・西洋かぼちゃ 干しひじき・さやいんげん
麦味噌・木綿豆腐・糸引き豆腐 サケフレーク・かつお節 鶏もも肉・牛もも肉・鶏卵 つぼダイ・甘味噌 ウインナー・スキムミルク・牛乳	米・強化米・小女子・しそわかめ とうもろこし油・片栗粉 砂糖・ごま油・中ザラ糖 ポテトチーズフライ 大豆油・ペンネ	小松菜・えのきだけ・葉ねぎ・味付けのり 梅干し・しょうが・サニーレタス・レタス わかめ・かいわれ菜・きゅうり 水菜・トマト・玉ねぎ・にんじん グリーンアスパラ・オレンジ
スキムミルク・プロセスチーズ 鶏卵・牛乳・サケ・するめイカ 蒸しかまぼこ・ソフト豆腐 鶏もも肉・豚もも肉・厚揚げ 麦味噌	黒糖パン・砂糖・とうもろこし油 薄力粉・コーンスターチ チョコソフト・じゃがいも 米・強化米・マヨネーズ・パン粉 ひまわり油・中ザラ糖・ごま クルトン	スイートコーン缶詰・パセリ・にんじん グリーンピース・バナナ・わかめ・キャベツ 干しひじき・ほうれん草・オレンジ 青梗菜・えのきだけ・しょうが・にんにく マッシュルーム・サニーレタス・トマト きゅうり・玉ねぎ・干ししいたけ 大豆もやし・青ピーマン
麦味噌・油揚げ・さつま揚げ たらこ・かつお節 豚肩ロース肉 鶏卵・真ダコ・牛乳 木綿豆腐・タラ 牛ひき肉・豚ひき肉	米・強化米・中ザラ糖・小女子 薄力粉・パン粉・とうもろこし油 砂糖・ごま・オリーブ油 マヨネーズ・じゃがいも	なす・わかめ・葉ねぎ・ごぼう・高菜漬け 真昆布・梅干し・玉ねぎ・にんじん 赤とさかのり・きゅうり・オレンジ・白菜 パセリ・サニーレタス・トマト グリーンアスパラ・たけのこ水煮 グリーンピース
麦味噌・厚揚げ・糸引き納豆・鶏卵 かつお節・鶏もも肉 アサリ水煮・ベーコン・牛乳 豚ひき肉・牛ひき肉・鶏ムネひき肉 パルメザンチーズ・プロセスチーズ 豚もも肉・芝エビ・するめイカ うずら卵水煮	米・強化米・砂糖 とうもろこし油・しそ昆布 小女子・片栗粉 じゃがいも・マーガリン 薄力粉・ごま・パン粉 マヨネーズ	小松菜・ぶなしめじ・葉ねぎ・味付けのり 梅干し・にんじん・玉ねぎ・レタス スイートコーン缶詰・キャベツ・紫キャベツ きゅうり・トマト・オレンジ わかめ・サニーレタス・グリーンピース 白菜・きくらげ・さやえんどう

夏 真夏の暑さに負けない！栄養素満点、スタミナがつく肉料理中心で

	朝食	昼食	夕食
月	米飯　味噌汁 納豆　味付けのり だし巻き卵 しそひじき　味の花 かつお梅　牛乳	米飯 カレイのから揚げ ナムル 麻婆豆腐	米飯　すまし汁 チキン香味焼き フライドポテト 豚肉と野菜の味噌炒め オレンジ
火	ロールパン 鶏とアスパラガスのスープ ロングウインナー 棒チーズ バナナ　牛乳	米飯 エビフライ タルタルソース ひじきのマリネ	米飯　味噌汁 サーモン香味ガーリック焼き 五目ビーフン オレンジ
水	米飯　味噌汁 笹かまぼこ ふりかけ　明太子 しその実わかめ　漬けもの 塩ねぎエリンギ	冷やし中華 チーズ蒸しパン オレンジ 牛乳	米飯　野菜椀汁 サウザンステーキ パンプキンサラダ 青菜の卵とじ
木	米飯　味噌汁 納豆　味付けのり サケフレーク　小女子 しそ昆布　かつお梅 牛乳	米飯 鶏の辛み揚げ 切り干し大根の炒り煮 お魚ふりかけ	米飯　味噌汁 ハンバーグマッシュルームソース エッグサラダ オレンジ
金	食パン コーンスープクルトン入り ブルーベリージャム スライスチーズ ゆで卵　オレンジ 牛乳	米飯 カニクリームコロッケ じゃがいもと卵のベーコン炒め	米飯　味噌汁 魚のチーズ焼き 肉シュウマイ アサリときのこの和風スパゲッティ
土	米飯　味噌汁 肉詰めいなり ふりかけ アサリ佃煮 しその実わかめ かつお梅	ビビンバ 小松菜と厚揚げのスープ ヨーグルト オレンジ 牛乳	米飯　かきたま汁 串カツ ゴーヤーのツナあえ 鶏のうま煮
日	米飯　味噌汁 冷やっこ きんぴらごぼう のり佃煮　畑のお肉 しそ昆布　漬けもの	親子丼 クリーミィフライ オレンジ 牛乳	米飯　味噌汁 豚こま切れ焼き肉 プロテインサラダ

平成23年8月22日(月)～8月28日(日)の献立表より

からだをつくるもと たんぱく質・カルシウム	エネルギーのもと 炭水化物・脂質	からだの調子を整える ビタミン・ミネラル類
麦味噌・油揚げ 糸引き納豆・鶏卵 かつお節・牛乳 真ガレイ・木綿豆腐 豚ひき肉・鶏もも肉・豚もも肉	米・強化米・砂糖 とうもろこし油・しそひじき 片栗粉・ごま・ごま油 じゃがいも・中ザラ糖	白菜・わかめ・葉ねぎ・味付けのり 真昆布・梅干し・サニーレタス・ミニトマト 小松菜・ブラックマッペもやし にんじん・しょうが・にんにく・あおさのり えのきだけ・玉ねぎ・干ししいたけ キャベツ・大豆もやし・青ピーマン オレンジ
鶏もも肉・スキムミルク ウインナー・プロセスチーズ 牛乳・ブラックタイガー・鶏卵 ロースハム・麦味噌 油揚げ・サケ・豚もも肉 芝エビ	ロールパン・マカロニ とうもろこし油・米・強化米 薄力粉・パン粉 マヨネーズ・ビーフン・オリーブ油	にんじん・玉ねぎ グリーンアスパラ・バナナ・キャベツ 紫キャベツ・ブロッコリー トマト・パセリ・干しひじき・きゅうり 西洋かぼちゃ・わかめ・にら・にんにく サニーレタス・干ししいたけ グリーンピース・青梗菜・オレンジ
麦味噌・木綿豆腐 焼き抜きかまぼこ・たらこ 鶏卵・焼豚・牛乳 油揚げ・豚肩ロース肉 プロセスチーズ・しらす干し 蒸しかまぼこ	米・強化米・しそわかめ 冷やし中華麺 とうもろこし油・中ザラ糖 ごま油・ごま チーズ蒸しパン マヨネーズ・片栗粉	わかめ・葉ねぎ・えのきだけ たくあん漬け・まいたけ 緑豆もやし・きゅうり・トマト・オレンジ 大根・にんじん・ごぼう・ほうれん草 サラダ菜・西洋かぼちゃ・玉ねぎ 干しぶどう・小松菜・キャベツ 干ししいたけ
麦味噌・油揚げ 糸引き納豆・サケフレーク かつお節・牛乳・鶏もも肉 しらす干し・木綿豆腐 鶏卵・鶏ムネひき肉・合びき肉	米・強化米・里いも しそ昆布・少女子 片栗粉・とうもろこし油 中ザラ糖・じゃがいも マヨネーズ	山東菜・葉ねぎ・味付けのり 梅干し・キャベツ・ブロッコリー トマト・切り干し大根・にんじん 干ししいたけ・小松菜 ぶなしめじ・マッシュルーム サニーレタス・水菜 きゅうり・玉ねぎ・オレンジ
スキムミルク・プロセスチーズ 鶏卵・牛乳・ベーコン カニクリームコロッケ 麦味噌・油揚げ・スズキ 豚ひき肉・鶏ひき肉 アサリ	食パン・とうもろこし油 薄力粉・砂糖 コーンスターチ ブルーベリージャム・米 強化米・じゃがいも 片栗粉・ラード スパゲッティ・クルトン	スイートコーン缶詰・パセリ・オレンジ キャベツ・紫キャベツ・トマト きゅうり・にんにく・大根 わかめ・葉ねぎ・水菜 レタス・玉ねぎ・干ししいたけ・ほんしめじ 小松菜・あまのり
麦味噌・油揚げ・鶏もも肉 木綿豆腐・鶏皮・アサリ かつお節・牛もも肉・鶏卵 厚揚げ・桜エビ・ヨーグルト 牛乳・豚ロース肉・マグロ缶詰 焼き竹輪	米・強化米・片栗粉 砂糖・パン粉 しそわかめ・ごま とうもろこし油 緑豆春雨・薄力粉 ごま油・じゃがいも 中ザラ糖	なす・わかめ・葉ねぎ・にんじん 玉ねぎ・梅干し・にんにく しょうが・大豆もやし・ほうれん草 生ぜんまい・焼きのり・小松菜 干ししいたけ・オレンジ・きくらげ・糸みつば サニーレタス・トマト・ゴーヤー さやいんげん
麦味噌・油揚げ・木綿豆腐 かつお節・鶏もも肉・鶏卵 牛乳・スキムミルク 厚揚げ・豚もも肉・大豆 プロセスチーズ	米・強化米・とうもろこし油 中ザラ糖・畑のお肉 しそ昆布・片栗粉 薄力粉・ショートニング パン粉・ごま油・ごま じゃがいも・マヨネーズ	大根・わかめ・葉ねぎ・しょうが ごぼう・にんじん・のり佃煮・たくあん漬け 玉ねぎ・根みつば・スイートコーン缶詰 キャベツ・きゅうり・ミニトマト オレンジ・小松菜・えのきだけ・にんにく 青ピーマン・サニーレタス・トマト パセリ・干しぶどう

秋 きのこや魚介を使ったコクのある味付けと豊かな彩りで食欲アップ

	朝食	昼食	夕食
月	米飯　味噌汁 納豆　味付けのり ごぼう天の煮付け　小女子 塩ねぎエリンギ しそひじき　牛乳	米飯 タラの薬味ソースかけ 多菜包子 ポテトのごま煮	米飯 けんちん汁 豚こま切れ焼き肉 ミモザ風サラダ りんご
火	野菜パン コーンスープクルトン入り ピーナッツソフト 棒チーズ コーンフロスティ オレンジ 牛乳	米飯 フライドチキン えのきと豚肉の中華風炒め りんご	米飯　味噌汁 サバのカレーパン粉焼き アサリときのこの和風スパゲッティ
水	米飯 赤だし汁 卵焼き　のり佃煮 辛子めんたい高菜 味の花 昆布豆	スパゲッティミートソース ウルトラパン フルーツヨーグルト 牛乳	米飯 卵スープ サウザンステーキ カルシウムナムル プロテインサラダ
木	米飯　味噌汁 納豆　味付けのり 笹かまぼこ　小女子 ごぼうサラダ かつお梅　牛乳	米飯 アジフライ ミートボールの甘辛煮 すき焼き風煮付け	米飯　あおさ汁 スパイシーチキン アスパラのたらこマヨネーズあえ 小松菜と卵の炒め合わせ オレンジ
金	チーズパン　カレースープ いちごジャム　角チーズ ゆで卵　オレンジ 牛乳	米飯 ビーフメンチカツ 回鍋肉 ふりかけ みかん	米飯 ワンタンスープ サケときのこのマヨネーズ焼き アサリと豆腐の炒り煮
土	米飯　味噌汁 サケの塩焼き　ふりかけ しその実わかめ 味の花 塩ねぎエリンギ	手巻きずし 鶏のつくね汁 オレンジ 牛乳	米飯　味噌汁 豚肩ロース竜田揚げ 小松菜としめじの辛しあえ 親子煮
日	米飯　味噌汁 湯豆腐 ベーコン入りスクランブルエッグ 小女子　しそ昆布 漬けもの	牛丼 カラマリサラダ オレンジ 牛乳	米飯 中華風スープ 鶏のきじ焼き 粉ふきいも 五目きんぴら

平成23年11月7日(月)〜11月13日(日)の献立表より

からだをつくるもと たんぱく質・カルシウム	エネルギーのもと 炭水化物・脂質	からだの調子を整える ビタミン・ミネラル類
麦味噌・木綿豆腐・糸引き納豆 さつま揚げ・牛乳 タラ・豚もも肉 鶏もも肉・油揚げ・鶏卵 マグロ缶詰・厚揚げ	米・強化米・中ザラ糖・小女子 しそひじき・片栗粉 とうもろこし油・ラード・緑豆春雨 パン粉・砂糖・ごま油・薄力粉 じゃがいも・ごま・里いも マカロニ・マヨネーズ	小松菜・えのきだけ・葉ねぎ・味付けのり まいたけ・しょうが・にんにく サニーレタス・トマト・キャベツ・玉ねぎ 干ししいたけ・干しひじき・にんじん さやいんげん・ごぼう 青ピーマン・きゅうり・りんご
スキムミルク・プロセスチーズ 牛乳・フライドチキン 豚肩ロース肉・麦味噌・木綿豆腐 真サバ・アサリ	野菜パン・とうもろこし油 薄力粉・砂糖・コーンスターチ ピーナッツバター コーンフロスティ・米・強化米 大豆油・ごま油・片栗粉 パン粉・スパゲッティ クルトン	スイートコーン缶詰・パセリ・玉ねぎ オレンジ・キャベツ・紫キャベツ・ブロッコリー えのきだけ・青梗菜・たけのこ水煮 さやえんどう・きくらげ・にんじん・りんご 白菜・わかめ・葉ねぎ・トマト・サニーレタス 水菜・赤ピーマン・干ししいたけ ほんしめじ・にんにく・あまのり・小松菜
木綿豆腐・赤色辛味噌・鶏卵 たらこ・かつお節・ぶどう豆 牛乳・豚ひき肉 スキムミルク・パルメザンチーズ ヨーグルト・牛乳・豚肩ロース肉 しらす干し・大豆 プロセスチーズ	米・強化米・砂糖 とうもろこし油・スパゲッティ 薄力粉・パン粉・ウルトラパン コーンスターチ・ごま・ごま油 じゃがいも・マヨネーズ	わかめ・糸みつば・なめこ・のり佃煮 高菜漬け・真昆布・玉ねぎ・にんじん にんにく・パセリ・りんご・バナナ みかん缶詰・パインアップル缶詰 もも缶詰・キャベツ・サニーレタス トマト・小松菜・きゅうり・干しぶどう
麦味噌・油揚げ・糸引き納豆 焼き抜きかまぼこ・かつお節 牛乳・真アジ・牛ひき肉 豚ひき肉・鶏卵・牛肩ロース肉 焼き豆腐・ソフト豆腐・鶏もも肉 プロセスチーズ・たらこ 焼豚	米・強化米・小女子・マヨネーズ パン粉・薄力粉 とうもろこし油・片栗粉 砂糖・中ザラ糖・ビーフン	なす・わかめ・葉ねぎ・味付けのり ごぼう・にんじん・梅干し・サニーレタス 玉ねぎ・白菜・春菊・根深ねぎ あおさのり・えのきだけ・にんにく グリーンアスパラ・小松菜・生しいたけ ほうれん草・かいわれ菜・オレンジ
パルメザンチーズ・豚もも肉 スキムミルク・プロセスチーズ 鶏卵・牛乳・メンチカツ 豚もも肉・赤色辛味噌・豚ひき肉 鶏ひき肉・サケ 木綿豆腐・アサリ	チーズパン・じゃがいも いちごジャム・米・強化米 大豆油・とうもろこし油 薄力粉・片栗粉 マヨネーズ・ごま・中ザラ糖	にんじん・玉ねぎ・グリーンピース オレンジ・サニーレタス レタス・キャベツ・温州みかん・にんにく 青梗菜・きくらげ・生しいたけ トマト・ブロッコリー・干しひじき さやいんげん
麦味噌・油揚げ・塩ザケ かつお節・いわし佃煮 だし巻き卵・ウインナー 蒸しかまぼこ・糸引き納豆 鶏ひき肉・牛乳 厚揚げ・豚肩ロース肉・鶏もも肉 鶏卵・スキムミルク	米・強化米・しそわかめ・砂糖 大豆油・マヨネーズ 片栗粉・とうもろこし油 じゃがいも・中ザラ糖	西洋かぼちゃ・わかめ・にら・真昆布 まいたけ・きゅうり・焼きのり レタス・葉ねぎ・しょうが・にんじん 生しいたけ・ごぼう・根みつば・オレンジ ぶなしめじ・キャベツ 小松菜・ほんしめじ・玉ねぎ グリーンピース・干ししいたけ
麦味噌・油揚げ・木綿豆腐 かつお節・鶏卵 ベーコン・牛もも肉・するめイカ 牛乳・鶏もも肉・焼き竹輪	米・強化米・とうもろこし油 小女子・しそ昆布 中ザラ糖・薄力粉 クルトン・緑豆春雨・じゃがいも ごま・ごま油・砂糖	山東菜・ぶなしめじ・葉ねぎ たくあん漬け・玉ねぎ・にんじん 根深ねぎ・しょうが・レタス・サラダ菜 水菜・黄ピーマン・オレンジ 小松菜・干ししいたけ トマト・サニーレタス・ごぼう・青ピーマン

冬 根菜や葉野菜をふんだんに使って、体の芯から温まるレシピに

	朝食	昼食	夕食
月	米飯　味噌汁 納豆　味付けのり 塩ねぎエリンギ　小女子 かつお梅　牛乳	米飯 豚肉のロールフライ 牛肉のうま煮	米飯　けんちん汁 つぼダイの西京焼き キャベツとしめじのごまあえ おでん　みかん
火	くるみパン マカロニスープ ミックスジャム クリームコンフェ 角チーズ オレンジ 牛乳	米飯 タラの薬味ソースかけ 多菜包子 エッグサラダ りんご	米飯 小松菜と厚揚げのスープ 豚肉の中華風ステーキピリ辛ソテー 蒸し鶏風サラダ
水	米飯　味噌汁 卵焼き　ウインナーソテー のり佃煮　塩ねぎエリンギ 昆布豆　しその実わかめ 牛乳	米飯 エビカツ 小松菜と卵の炒め合わせ みかん	米飯 もやしとわかめのスープ 鶏肉とチーズの包み焼き 四川豆腐
木	米飯　味噌汁 納豆　味付けのり しらす入りスクランブルエッグ かつお梅 小女子 辛子めんたい高菜	米飯 アジフライ イカリングフライ キャベツのピーナッツあえ 鶏肉とごぼうとこんにゃくのごま味噌煮	ハヤシライス グリーンサラダ オレンジ 牛乳
金	食パン ポークスープ ゆで卵　ブルーベリージャム スライスチーズ　オレンジ 牛乳	米飯 鶏の竜田揚げみぞれソースかけ ポークビーンズ	米飯　わかめスープ 甘塩ザケ焼き　小松菜の卵とじ ガーリックパスタサラダ りんご
土	米飯　味噌汁 肉詰めいなり　ふりかけ アサリ佃煮　小女子 味の花　漬けもの	肉うどん コーヒーサンド 節分豆 オレンジ 牛乳	米飯 かきたま汁 鶏肉のバジル焼き ツナとキャベツのマヨネーズあえ かぼちゃとなすのごま味噌かけ
日	米飯　味噌汁 湯豆腐　サケフレーク のり佃煮 小女子 しその実わかめ 漬けもの	親子丼 ミックスフライ オレンジ 牛乳	米飯 あおさ汁 豚肩ロース味噌漬け パンプキンサラダ 五目きんぴら

平成24年1月30日(月)〜2月5日(日)の献立表より

からだをつくるもと たんぱく質・カルシウム	エネルギーのもと 炭水化物・脂質	からだの調子を整える ビタミン・ミネラル類
麦味噌・糸引き納豆・かつお節 牛乳・豚肩ロース肉 プロセスチーズ・牛もも肉 焼き竹輪・油揚げ 木綿豆腐・つぼダイ・甘味噌 鶏卵・がんもどき・厚揚げ	米・強化米・小女子・薄力粉 パン粉・とうもろこし油 じゃがいも・中ザラ糖 里いも・ごま・砂糖・ごま油	葉ねぎ・味付けのり・まいたけ・梅干し さやいんげん・にんじん・キャベツ・きゅうり トマト・たけのこ水煮・ごぼう ほんしめじ・大根・温州みかん
鶏もも肉・スキムミルク・鶏卵 牛乳・プロセスチーズ タラ・豚もも肉・アサリ缶詰 厚揚げ・桜エビ・豚肩ロース肉 鶏ムネ肉・さつま揚げ	くるみパン・マカロニ いちごジャム・グラニュー糖 砂糖・薄力粉・とうもろこし油 マーガリン・米・強化米 片栗粉・中ザラ糖・ラード 緑豆春雨・パン粉・ごま油 じゃがいも・マヨネーズ	にんじん・玉ねぎ・グリーンピース オレンジ・葉ねぎ・しょうが にんにく・サニーレタス・レタス・水菜 キャベツ・干ししいたけ・干しひじき きゅうり・りんご・小松菜・トマト ブロッコリー・青ピーマン・赤ピーマン
麦味噌・油揚げ・鶏卵・ウインナー ぶどう豆・牛乳・エビカツ・焼豚 鶏もも肉・プロセスチーズ 豚もも肉・木綿豆腐	米・強化米・砂糖 とうもろこし油・しそわかめ 大豆油・ビーフン・中ザラ糖	なす・わかめ・葉ねぎ・のり佃煮 まいたけ・キャベツ・トマト・紫キャベツ ブロッコリー・小松菜・生しいたけ ほうれん草・温州みかん・緑豆もやし さやえんどう・青ピーマン・玉ねぎ サニーレタス・きゅうり・しょうが・にんにく
麦味噌・木綿豆腐・糸引き納豆 鶏卵・しらす干し・かつお節 たらこ・真アジ・するめイカ ロースハム・鶏ムネ肉 豚もも肉・ベーコン スキムミルク・蒸しかまぼこ 牛乳	米・強化米・里いも・小女子 片栗粉・砂糖・パン粉 薄力粉・ピーナッツ・ごま じゃがいも・マーガリン	西洋かぼちゃ・わかめ・にら・葉ねぎ 味付けのり・梅干し・高菜漬け ほうれん草・ごぼう・にんじん・大根 さやいんげん・玉ねぎ・キャベツ マッシュルーム水煮・グリーンアスパラ スイートコーン缶詰・ミニトマト・オレンジ
豚ばら肉・スキムミルク 鶏卵・プロセスチーズ・牛乳 鶏もも肉・大豆・豚もも肉 ベーコン・厚揚げ・サケ	食パン・ブルーベリージャム 米・強化米・砂糖・片栗粉 とうもろこし油・ごま スパゲッティ	にんじん・玉ねぎ・スイートコーン缶詰 小松菜・オレンジ・しょうが・大根・葉ねぎ サニーレタス・きゅうり・トマト グリーンピース・わかめ・根深ねぎ・レタス 水菜・紫キャベツ・にんにく・りんご・パセリ
麦味噌・油揚げ・鶏もも肉 木綿豆腐・鶏皮 アサリ・かつお節・豚もも肉 蒸しかまぼこ・福豆 牛乳・鶏卵・マグロ缶詰	米・強化米・里いも 片栗粉・砂糖・パン粉 小女子・うどん・とうもろこし油 コーヒーサンド・オリーブ油 マヨネーズ・中ザラ糖・ごま	山東菜・葉ねぎ・にんじん・玉ねぎ 真昆布・たくあん漬け・ほうれん草 オレンジ・切りみつば・バジル サニーレタス・トマト・キャベツ 緑豆もやし・西洋かぼちゃ・なす 枝豆
麦味噌・厚揚げ・木綿豆腐 かつお節・塩ザケ 鶏もも肉・鶏卵・ロースハム 牛乳・アサリ・加工乳 ソフト豆腐・豚肩ロース肉 赤色辛味噌・プロセスチーズ 牛もも肉	米・強化米・小女子・しそわかめ 中ザラ糖・片栗粉・薄力粉 マーガリン・有塩バター・ラード パン粉・とうもろこし油 マヨネーズ・ごま油・砂糖	小松菜・ぶなしめじ・葉ねぎ・のり佃煮 たくあん漬け・にんじん・玉ねぎ キャベツ・きゅうり・ミニトマト・オレンジ あおさのり・かいわれ菜・しょうが サニーレタス・トマト・西洋かぼちゃ 干しぶどう・ごぼう・青ピーマン

材料別索引

肉　類

◇鶏もも肉
鶏と白菜のスープ……………………… 24
チキン南蛮タルタルソースかけ……… 44
鶏の竜田揚げみぞれソースかけ……… 48
チキンカツ　カレー風味……………… 52
鶏のごまダレ焼き……………………… 68
油淋鶏…………………………………… 72
鶏肉とごぼうとこんにゃくのごま味噌煮… 74
スパイシーチキン……………………… 76
ポテトのごま煮………………………… 78

◇鶏ささみ
から揚げサラダ………………………… 34
鶏飯……………………………………… 42

◇豚こま切れ肉
カレースープ…………………………… 22
揚げそばあんかけ……………………… 38
えのきと豚肉の中華風炒め…………… 44
豚肉と青梗菜のうま煮………………… 46
肉うどん………………………………… 50
四川豆腐………………………………… 52

◇豚ロース肉
豚肉のロールフライ（薄切り）……… 40
豚肉と豚レバーのオーロラソース（しょうが焼き用）… 62
カルビ焼き（薄切り）………………… 66

◇豚肩ロース肉
豚肉の中華風ステーキ（ソテー用）… 58

◇豚もも肉
豚肉とコーンのサラダ（かたまり）… 42
カルビ焼き（薄切り）………………… 66

◇豚レバー
豚肉と豚レバーのオーロラソース…… 62

◇牛もも肉
野菜たっぷり牛丼（薄切り）………… 34
ビビンバ（薄切り）…………………… 36

◇鶏ムネひき肉
カレー味ハンバーグ…………………… 56
松風焼き………………………………… 70

◇鶏ムネひき肉＆合びき肉
カレー味ハンバーグ…………………… 56

◇豚ひき肉
サフランライスのドライカレー……… 32

◇ベーコン・ハム・焼豚
キャベツのクリームスープ…………… 28
春雨のあえもの………………………… 40
じゃがいもと卵のベーコン炒め……… 60
小松菜と卵の炒め合わせ……………… 76

魚介・海藻

◇イカ・エビ・アサリ
イカのマリネ…………………………… 32
揚げそばあんかけ……………………… 38
ほうれん草とイカのクリームパスタ… 56
アサリときのこの和風スパゲッティ… 58
イカのピリ辛サラダ…………………… 62

◇魚の切り身
魚のオランダ揚げ（白身魚）………… 46
魚のマヨネーズ焼き（スズキ）……… 60
サバのカレー香り揚げ………………… 64
魚の南部焼き（サワラ）……………… 74

サケのホイル焼き……………………… 78

◇しらす干し
しらす入りスクランブルエッグ……… 20
カルシウムナムル……………………… 44
ひじき入り炒り豆腐…………………… 68

◇ツナ
ツナとキャベツのマヨネーズあえ…… 70

◇カットわかめ・あおさのり
豆腐の中華風スープ…………………… 36
イカのピリ辛サラダ…………………… 62
あおさ汁………………………………… 64
えのきのすまし汁……………………… 76
きゅうりと竹輪の味噌マヨネーズあえ… 78

卵

しらす入りスクランブルエッグ……… 20
ビビンバ………………………………… 36
春雨のあえもの………………………… 40
鶏飯……………………………………… 42
チキン南蛮タルタルソースかけ……… 44
じゃがいもと卵のベーコン炒め……… 60
中華風かきたまスープ………………… 70
小松菜と卵の炒め合わせ……………… 76

乳製品

◇チーズ
豚肉のロールフライ…………………… 40
春雨のあえもの………………………… 40
パンプキンサラダ……………………… 52
プロテインサラダ……………………… 72
スパイシーチキン……………………… 76

◇牛乳
ほうれん草とイカのクリームパスタ… 56
カレー味ハンバーグ…………………… 56
マッシュポテト………………………… 62

野　菜

◇いんげん
豚肉のロールフライ…………………… 40
鶏肉とごぼうとこんにゃくのごま味噌煮… 74
ポテトのごま煮………………………… 78

◇かいわれ菜
イカのピリ辛サラダ…………………… 62
あおさ汁………………………………… 64

◇かぼちゃ
パンプキンサラダ……………………… 52
かぼちゃとなすのごま味噌かけ……… 66
ブロッコリーとかぼちゃのサラダ…… 76

◇絹さや
サケのホイル焼き……………………… 78

◇キャベツ
キャベツのクリームスープ…………… 28
揚げそばあんかけ……………………… 38
えのきと豚肉の中華風炒め…………… 44
ひじき入り炒り豆腐…………………… 68
ツナとキャベツのマヨネーズあえ…… 70

◇きゅうり
イカのマリネ…………………………… 32
から揚げサラダ………………………… 34
春雨のあえもの………………………… 40
豚肉とコーンのサラダ………………… 42
イカのピリ辛サラダ…………………… 62

プロテインサラダ……………………… 72
きゅうりと竹輪の味噌マヨネーズあえ… 78

◇ぎんなん
サケのホイル焼き……………………… 78

◇ごぼう
野菜椀汁………………………………… 66
鶏肉とごぼうとこんにゃくのごま味噌煮… 74
けんちん汁……………………………… 74

◇小松菜
味噌汁…………………………………… 26
えのきと豚肉の中華風炒め…………… 44
カルシウムナムル……………………… 44
四川豆腐………………………………… 52
アサリときのこの和風スパゲッティ… 58
味噌汁…………………………………… 58
小松菜のごまあえ……………………… 60
野菜椀汁………………………………… 66
ひじき入り炒り豆腐…………………… 68
味噌汁…………………………………… 68
小松菜と厚揚げのスープ……………… 72
小松菜と卵の炒め合わせ……………… 76
小松菜のスープ………………………… 78

◇さつまいも
さつまいものコロコロサラダ………… 58

◇里いも
味噌汁…………………………………… 20
けんちん汁……………………………… 74

◇じゃがいも
カレースープ…………………………… 22
キャベツのクリームスープ…………… 28
じゃがいもと卵のベーコン炒め……… 60
マッシュポテト………………………… 62
大豆とひじきの煮もの………………… 70
プロテインサラダ……………………… 72
ポテトのごま煮………………………… 78

◇セロリ
コンソメジュリアンヌ………………… 56

◇大根
鶏の竜田揚げみぞれソースかけ……… 48
味噌汁…………………………………… 58
大根の雪花煮…………………………… 64
野菜椀汁………………………………… 66
鶏肉とごぼうとこんにゃくのごま味噌煮… 74

◇たけのこ
えのきと豚肉の中華風炒め…………… 44
豚肉と青梗菜のうま煮………………… 46
大豆とひじきの煮もの………………… 70
小松菜のスープ………………………… 78

◇玉ねぎ
カレースープ…………………………… 22
鶏と白菜のスープ……………………… 24
キャベツのクリームスープ…………… 28
サフランライスのドライカレー……… 32
イカのマリネ…………………………… 32
野菜たっぷり牛丼……………………… 34
揚げそばあんかけ……………………… 38
チキン南蛮タルタルソースかけ……… 44
魚のオランダ揚げ……………………… 46
豚肉と青梗菜のうま煮………………… 46
パンプキンサラダ……………………… 52
カレー味ハンバーグ…………………… 56
ほうれん草とイカのクリームパスタ… 56
コンソメジュリアンヌ………………… 56
魚のマヨネーズ焼き…………………… 60

※付け合わせの野菜、ご飯、麺類、フルーツ、薬味類は索引には入っていません。

イカのピリ辛サラダ………………… 62
カルビ焼き………………………… 66
松風焼き…………………………… 70

◇青梗菜
味噌汁……………………………… 20
豚肉と青梗菜のうま煮…………… 46
ワンタンスープ…………………… 60
青菜とえのきのスープ…………… 62
中華風かきたまスープ…………… 70
青菜ときのこのあえもの………… 74

◇トマト・ミニトマト
イカのマリネ……………………… 32
から揚げサラダ…………………… 34
春雨のあえもの…………………… 40
イカのピリ辛サラダ……………… 62

◇長ねぎ・万能ねぎ
野菜たっぷり牛丼………………… 34
から揚げサラダ…………………… 34
豆腐の中華風スープ……………… 36
揚げそばあんかけ………………… 38
鶏の竜田揚げみぞれソースかけ… 48
肉うどん…………………………… 50

◇なす
かぼちゃとなすのごま味噌かけ… 66

◇にんじん
カレースープ……………………… 22
鶏と白菜のスープ………………… 24
キャベツのクリームスープ……… 28
サフランライスのドライカレー… 32
野菜たっぷり牛丼………………… 34
ビビンバ…………………………… 36
揚げそばあんかけ………………… 38
豚肉のロールフライ……………… 40
鶏飯………………………………… 42
豚肉とコーンのサラダ…………… 42
カルシウムナムル………………… 44
魚のオランダ揚げ………………… 46
豚肉と青梗菜のうま煮…………… 46
ひじきゴマネーズ………………… 48
四川豆腐…………………………… 52
にんじんグラッセ………………… 56
コンソメジュリアンヌ…………… 56
さつまいものコロコロサラダ…… 58
小松菜のごまあえ………………… 60
野菜椀汁…………………………… 66
ひじき入り炒り豆腐……………… 68
ほうれん草と白菜のおかかあえ… 68
松風焼き…………………………… 70
大豆とひじきの煮もの…………… 70
プロテインサラダ………………… 72
鶏肉とごぼうとこんにゃくのごま味噌煮… 74
青菜ときのこのあえもの………… 74
けんちん汁………………………… 74
サケのホイル焼き………………… 78
ポテトのごま煮…………………… 78
小松菜のスープ…………………… 78

◇白菜
鶏と白菜のスープ………………… 24
豚肉と青梗菜のうま煮…………… 46
小松菜のごまあえ………………… 60
ほうれん草と白菜のおかかあえ… 68

◇パセリ
魚のオランダ揚げ………………… 46

◇ピーマン
さつま揚げのピリ辛ソテー……… 64

◇ブロッコリー
ブロッコリーとかぼちゃのサラダ……… 76

◇ほうれん草
ビビンバ…………………………… 36
ひじきゴマネーズ………………… 48
肉うどん…………………………… 50
ほうれん草とイカのクリームパスタ… 56
ほうれん草と白菜のおかかあえ… 68

◇紫キャベツ
豚肉とコーンのサラダ…………… 42

◇もやし・大豆もやし
ビビンバ…………………………… 36
揚げそばあんかけ………………… 38
春雨のあえもの…………………… 40
ツナとキャベツのマヨネーズあえ… 70

◇レタス
から揚げサラダ…………………… 34
豚肉とコーンのサラダ…………… 42

きのこ類

◇えのきだけ
味噌汁……………………………… 26
えのきと豚肉の中華風炒め……… 44
青菜とえのきのスープ…………… 62
青菜ときのこのあえもの………… 74
えのきのすまし汁………………… 76
サケのホイル焼き………………… 78

◇きくらげ
えのきと豚肉の中華風炒め……… 44
ワンタンスープ…………………… 60
中華風かきたまスープ…………… 70

◇生しいたけ・干ししいたけ
鶏飯………………………………… 42
豚肉と青梗菜のうま煮…………… 46
アサリときのこの和風スパゲッティ… 58
大豆とひじきの煮もの…………… 70
小松菜と厚揚げのスープ………… 72
青菜ときのこのあえもの………… 74
小松菜と卵の炒め合わせ………… 76
サケのホイル焼き………………… 78

◇しめじ
鶏と白菜のスープ………………… 24
アサリときのこの和風スパゲッティ… 58
味噌汁……………………………… 58
味噌汁……………………………… 68
青菜ときのこのあえもの………… 74
サケのホイル焼き………………… 78

◇なめこ
青菜ときのこのあえもの………… 74

◇マッシュルーム
魚のマヨネーズ焼き……………… 60

豆

◇枝豆
さつまいものコロコロサラダ…… 58
かぼちゃとなすのごま味噌かけ… 66

◇グリーンピース
カレースープ……………………… 22
大根の雪花煮……………………… 64
大豆とひじきの煮もの…………… 70

◇コーン
豚肉とコーンのサラダ…………… 42

◇大豆
サフランライスのドライカレー… 32
大豆とひじきの煮もの…………… 70
プロテインサラダ………………… 72

豆腐・豆腐加工品

◇豆腐
湯豆腐……………………………… 20
味噌汁……………………………… 26
豆腐の中華風スープ……………… 36
四川豆腐…………………………… 52
青菜とえのきのスープ…………… 62
大根の雪花煮……………………… 64
あおさ汁…………………………… 64
ひじき入り炒り豆腐……………… 68
けんちん汁………………………… 74
えのきのすまし汁………………… 76

◇油揚げ
味噌汁……………………………… 20
味噌汁……………………………… 58
野菜椀汁…………………………… 66
ひじき入り炒り豆腐……………… 68
青菜ときのこのあえもの………… 74

◇厚揚げ
味噌汁……………………………… 68
小松菜と厚揚げのスープ………… 72
けんちん汁………………………… 74

さつま揚げ・練りもの

竹輪のごま煮……………………… 26
ひじきゴマネーズ………………… 48
肉うどん…………………………… 50
大根の雪花煮……………………… 64
さつま揚げのピリ辛ソテー……… 64
大豆とひじきの煮もの…………… 70
きゅうりと竹輪の味噌マヨネーズあえ… 78

乾　物

◇ひじき
ひじきゴマネーズ………………… 48
ひじき入り炒り豆腐……………… 68
大豆とひじきの煮もの…………… 70

◇その他

◇糸こんにゃく・こんにゃく
野菜たっぷり牛丼………………… 34
大豆とひじきの煮もの…………… 70
鶏肉とごぼうとこんにゃくのごま味噌煮… 74
けんちん汁………………………… 74

◇緑豆春雨
春雨のあえもの…………………… 40
小松菜と厚揚げのスープ………… 72
小松菜のスープ…………………… 78

◇ビーフン
小松菜と卵の炒め合わせ………… 76

◇干しぶどう
パンプキンサラダ………………… 52
プロテインサラダ………………… 72

レシピ・栄養指導	原口めぐみ（ラ・サール学園寮 食堂部 栄養士）
協力	ラ・サール学園

デザイン	GRACE.inc（山下知子、瀬戸瑞絵）
料理撮影	大槻 茂
撮影	鎌田ひで子（1〜4p、15〜16p、17p左）
	五十嵐和博（82p）
取材・文	さとうあきこ
	稲田美穂（82〜83p）
料理制作・調理アドバイス	伊藤朗子
スタイリング	中野径恵
校閲	加藤 優
	稲住多恵子（東京出版サービスセンター）

秀才男子を育てる！
ラ・サール学園 寮めしレシピ

2012年12月10日　第1刷発行
2016年 3 月30日　第2刷発行

著者　ラ・サール学園寮 食堂部

発行者　田中恵
発行所　株式会社 集英社
〒101-8050　東京都千代田区一ツ橋2-5-10
電話　編集部　03（3230）6205
　　　読者係　03（3230）6080
　　　販売部　03（3230）6393（書店専用）

本文製版　株式会社ビーワークス
印刷　図書印刷株式会社
製本　ナショナル製本協同組合

定価はカバーに表示してあります。
造本には十分注意しておりますが、
乱丁・落丁（本のページの順序の間違いや抜け落ち）の場合は、
お取り替えいたします。
購入された書店名を明記して、小社読者係宛にお送りください。
送料は小社負担でお取り替えいたします。
ただし、古書店で購入されたものについては、お取り替えできません。
本書の一部あるいは全部を無断で複写・複製することは、
法律で認められた場合を除き、著作権の侵害となります。
また、業者など、読者本人以外による本書のデジタル化は、
いかなる場合でも一切認められませんので、ご注意ください。

©2012　Shueisha, Printed in Japan
ISBN978-4-08-780647-2 C0077